PAOLA INCZE

Mode mit Tüchern

PAOLA INCZE

Mode mit Tüchern

VOM HALSTUCH BIS ZUM KLEID

100 TIPS
ZUM BINDEN, WICKELN UND KNOTEN

FOTOGRAFIE
ANNETTE HEMPFLING

ILLUSTRATIONEN
KRISTIANA HEINEMANN

AUGUSTUS VERLAG

Inhalt

Souvenir

Als ich in den sechziger Jahren meine erste Reise nach Paris machte, kaufte ich mir als Andenken ein seidenes Tuch, bedruckt mit dem Eifelturm. Ich trug es ständig, auf irgendeine Art und Weise. Ich liebte es so heiß, daß ich es zur Dekoration meines Zimmers an die Wand hängte.

Damit begann mein Faible für Tücher. Seitdem habe ich viele gekauft und auch selbst bemalt, andere wurden mir geschenkt. In den meisten steckt irgendeine Erinnerung. Gleichzeitig aber habe ich mich auch damit beschäftigt, den jeweiligen Favoriten auf interessante Art und Weise zu knoten. Und so sammelte ich nicht nur Tücher, sondern auch die passenden Wickel- und Bindetechniken.

Entdecken Sie nun mit mir, wie phantasievoll man mit Tüchern umgehen kann und welche Tragemöglichkeiten in ihnen stecken.

PAOLA INCZE

Das Tuch – damals und heute

Die Suche nach dem Ursprung

Seit altersher scheinen die Menschen das Bedürfnis gehabt zu haben, sich irgend etwas – aus welchen Gründen auch immer – um den Hals zu legen. Es verlangt nicht viel Phantasie um sich vorzustellen, daß die schmalen Stoffbahnen, die in den Anfängen gewebt wurden, auch dazu dienten, Hals und Oberkörper vor den Unbilden der Witterung zu schützen. Einen genauen Zeitpunkt, wann die Menschen damit begannen, sich einen Streifen Stoff um den Hals zu binden, gibt es nicht. Es ist noch nicht einmal eine pfiffige Legende bekannt, wer die ersten Halstuchträger oder Trägerinnen waren. An Hand überlieferter Kunstwerke kann man aber Vermutungen über die Entwicklung anstellen. 4000 Jahre alte Abbildungen ägyptischer Pharaonen legen davon Zeugnis ab, daß ein Stoffstreifen am Hals sicherlich praktische, vielleicht auch symbolische oder ästhetische Funktionen erfüllt haben mußte.

Ein historisches Zeugnis über das Schaltragen ist die Trajan-Säule in Rom, in der Nähe der Piazza Venezia. 2500 Krieger erzählen von den wichtigsten Ereignissen im Krieg gegen die östlichen Barbaren und – viele dieser Krieger tragen eine Art Schal. Einige tragen ihn in Cowboymanier vor dem Hals zusammengeknotet, andere haben ihn flott unter den Brustpanzer eingeschlagen. Wie so viele Kleidungsstücke und Accessoires ist das Halstuch vielleicht militärischen Ursprungs.

Andere Zeugnisse für den Gebrauch von Schals verweisen auf einen religiösen Ursprung. Einige Buddha-Statuen aus dem alten China tragen eine Art Schal, zwar nicht eng um den Hals geschlungen, dafür ganz lose und dekorativ über die Schulter gelegt. Auch bei anderen Völkern ist der Schal Bestandteil religiöser Gewänder. Der jüdische Tallith ist ein mit Fransen verzierter Gebetsschal. Die Stola der Römer unterstrich die Autorität eines Redners und noch heute küßt ein katholischer Priester die Stola, bevor er sie zum Gottesdienst umlegt.

Neben der Symbolik beim Tragen von Tüchern und dem praktischen Dienst als Schutz vor Kälte, Sonne und Wind, stand sicherlich auch der heimliche Wunsch sich zu schmükken, das Aussehen zu unterstreichen und seinen Status zu zeigen.

Schmückendes Beiwerk

Mit der Zeit aber wurden Tuch und Schal mehr und mehr zu einem nur schmückenden Beiwerk der Kleidung. Auf Aquarellen mit Modethemen des 18. und 19. Jahrhunderts kann man adrette weiße Seidenschals als Halsschmuck der Damen bewundern. Im Empire waren Tücher und Schals ein unverzichtbares Requisit. Aus feiner Kaschmirwolle oder Seide begleiteten sie die Damen der Gesellschaft zu allen Gelegenheiten. Außerdem konnte man in diesem galanten Zeitalter damit auch wunderbar kokettieren.

Wußten Sie, daß der ständig Krieg führende Napoleon seiner Josephine hunderte von Schals schenkte? Die Kleider waren damals aus so zartgewebtem Stoff, daß man sich mit Tüchern vor Unterkühlung schützen wollte. Und Tücher waren auch damals nicht zuletzt schön anzusehen. Sie waren damals wie heute ein Bestandteil vieler Trachten, die von Frauen und Männern getragen wurden.

Andere Länder, andere Sitten

In manchen Ländern entwickelten Tücher ein totales Eigenleben oder führen es heute noch. Früher war es das klassische römische Tuchgewand, die Toga, die von Männern getragen wurde.

Doch das schönste Beispiel, wie aus einem Stück Stoff ein malerisches Gewand wird, ist der traditionelle Sari, der auch heute noch verbreitet ist. Ohne jeglichen Zuschnitt, ohne irgendwelche Näharbeit und Befestigungsknoten, allein durch das Wikkeln um den Körper, wird das Tuch zu einem Kleidungsstück. Indische Frauen begleitet er durch das ganze Leben: in einfacher Qualität bei der Arbeit, aus fließender Seide in leuchtenden Farben und mit Goldfäden durchwirkt auf allen Festen. Der schmeichelnde Faltenwurf erhält die Bewegungsfreiheit und verleiht den Frauen ein anmutiges, würdevolles Aussehen.

Ein Tuch als einzige Bekleidung um den Körper zu schlingen, ist in vielen warmen Ländern der Erde gang und gäbe. Vor allem die Frauen entwickelten dabei viel Phantasie. Mit unterschiedlichen Tuchformaten, die immer wieder anders gebunden werden, kreieren sie täglich neue Modelle. Dabei spielt die Tradition eine Rolle, die sich sowohl in den Mustern ausdrückt als auch in der Art und Weise, wie gewickelt und geknotet wird.

Am phantasievollsten können polynesische Frauen mit Wickeltüchern umgehen. Sie erfinden immer neue Möglichkeiten, um den Pareo spielerisch zu wickeln und zu knoten.

Auch der Bou Bou aus dem Senegal und der Kanga aus Kenia sind gute Beispiele dafür. Ihre Wickel- und Knoten-Grundtechniken ähneln dem

Pareo, Farben und Muster der Tücher sind jedoch nach Landessitte verschieden.

Die Magie des Schals

Der Schal, wie wir ihn heute kennen und lieben, der in so vielen Variationen schützt, wärmt und schmückt, tauchte im 19. Jahrhundert zunächst in der Welt der Kunst auf. Um Ausdruck und Bewegung zu unterstreichen, bezogen Ballett-Tänzer lange wehende Schals in ihre Darstellungen mit ein. Auch in der Bildenden Kunst hielt der Schal Einzug: Toulouse Lautrec fühlte sich Ende 1880 wieder und wieder dazu inspiriert, ihn auf Plakaten abzubilden. Gerade die »Boheme« liebt lange Schals.

Seinen wahren Siegeszug begann der Schal jedoch nach der Erfindung des Films. Erinnern wir uns an Marlene Dietrich oder an große Stars der fünfziger Jahre wie Marylin Monroe, Grace Kelly, Brigitte Bardot, die verführerisch mit Tüchern und Schals vor der Kamera posierten. Couturiers, wie Coco Chanel, Pucci, Ungaro, machten daraus ein Modethema. Ein quadratisches Stück Stoff verwandelten Sie zu einem eleganten Accessoire, unverwechselbar im Dessin und brillanten Farben. Das Tuch selbst wurde ein Objekt der Kunst.

Simples Quadrat oder toller Blickfang?

Ein Tuch kann mehr sein als ein simples Quadrat, das am Hals getragen wird. Es braucht nur in geschickte Hände zu fallen, dann wird es zu einem Stirnband, einem Turban, einem Bustier. Haben Sie schon einmal ein anscheinend lässig gebundenes Tuch bei einer anderen Frau bewundert? Dann haben Sie sicher auch insgeheim wissen wollen, worin das Geheimnis liegt, daß es so lässig und selbstverständlich wirkt. Was wie ein Geheimnis aussieht, ist in Wirklichkeit nur ein kleiner Trick, ein gekonnter Knoten, der das Tuch so außergewöhnlich wirken läßt. Der richtige Knoten, und Ihr Tuch verrutscht nicht mehr. Auch wenn Sie glauben, Ihnen fehlt die Geschicklichkeit dazu, diesen oder jenen Knoten zu knüpfen, zwei bis drei Handgriffe, ein wenig Übung und Sie werden vom Gegenteil überzeugt sein.

Tücher und Schals an Wintertagen um Kopf und Hals geschlungen, schützen in erster Linie vor Kälte und Wind. Doch das ist längst nicht alles. Die dekorative Wirkung eines großen Schals, der lässig über die Schulter geworfen ist, oder ein witzig ins Haar geknotetes Tuch, sind unübersehbar.

Tücher tragen – wann, wo und wie

Die gesamte Kleidung eines Menschen kann eine recht präzise Botschaft des Trägers oder der Trägerin übermitteln, und ein Tuch ist selbstverständlich daran beteiligt. Das entscheidende Stilmoment kann in einem einfachen Griff liegen, z. B. wie die Falten eines Tuches arrangiert werden. Um seine Lässigkeit zu zeigen, wird ein Tuch eben »lässig« drapiert.

Gleichgültig, ob die Tücher nun eher lässig oder ganz korrekt getragen werden sollen, ein gutes Abstimmen auf die anderen Kleidungsstücke, wie Pullis, Bluse, T-Shirt, Mantel, Jackett oder Abendkleid, ist immer nötig. Die Besonderheit eines Tuches kann auch mit einem Schuß Humor betont werden. Nehmen Sie sich die gehörige Portion Mut, um mit einem ausgefallenen Tuch Aufmerksamkeit zu erregen, Interesse zu wecken oder damit zu kokettieren. Wenn es bestimmte Situationen erfordern, sollten Sie es getrost auch dazu benutzen, sich dahinter zu verstecken.

Der Anlaß, ein Tuch zu tragen, ist von entscheidender Bedeutung. Möchten Sie es zu Sport oder Freizeit, im Job, zu fröhlichen oder feierlichen Anlässen tragen? Welches Tuch wo getragen wird, entscheidet Qualität, Farbe, Design und auch seine Größe. Möchten Sie gesehen, nicht gesehen werden, oder einen besonderen Auftritt haben: Sie können alles geschickt durch ein Tuch ausdrücken, ohne viel Worte zu verlieren. Sie können damit eine bestimmte Stimmung zaubern oder Ihre modische Aussage betonen. Ob sportlich, romantisch, frivol oder extravagant. Manch ein unscheinbares Kleidungsstück läßt sich verwandeln. Mit wenigen Handgriffen verleihen Sie einem

Pulli eine andere Note, eine schlichte Bluse bekommt einen witzigen Farbtupfer.

In letzter Zeit lehren viele Farbberatungsstudios mit Hilfe von Tüchern den persönlichen Typ zu unterstreichen. Viele Frauen haben sich dies zu eigen gemacht und wissen deshalb genau, welche Farbe zu ihnen paßt.

Von mir erhalten Sie noch einige Ideen, wie Sie die vielen Wickel- und Knotentechniken in Ihre Garderobe mit einbeziehen und Ihre persönliche modische Aussage damit unterstreichen können. Diese Anregungen sollen Sie zu einem modischen Spiel inspirieren, um selber neue Tragemöglichkeiten auszuprobieren.

Haben Sie schon einmal ein weiches Tuch zur Bluse gebunden, und einfach unter einem Blazer getragen? Es sollte aus Crêpe de Chine sein, damit es einen schönen Faltenwurf bekommt. Wenn Sie den Blazer weglassen, können Sie damit nach Ihren Job durchaus eine Abendeinladung annehmen. Das gleiche Tuch wird mit einer veränderten Wickeltechnik zu einem Bustier am Strand. Mit einem zweiten passenden Tuch wickeln Sie einen Rock dazu. Schon haben Sie ein Ferienkleid.

Für den Bummel in der City, im Beruf, wenn Korrektheit angesagt ist, komplettieren Sie Ihr Kostüm mit einem Tuch. So sind Sie perfekt gekleidet und dürfen sich wohl fühlen.

Damit all dies gelingt, machen Sie sich Tips und Kniffe dieses Buches zu eigen. Lassen Sie Ihrer Phantasie freien Lauf. Dann werden Sie am Ende dieses Buches feststellen, daß Mode mit Tüchern keine Zauberei ist.

Die Grundausstattung

Ich bin fest überzeugt, daß Sie ein Tücherfan sind und bereits eine kleine Tüchersammlung besitzen. Wenn Sie sich aber eine kleine Grundkollektion erst zulegen wollen, so machen Sie es ein bißchen mit System.

❍ Fangen Sie grundsätzlich mit zwei bis drei einfarbigen Tüchern und Schals an. Wählen Sie Farben, die zu Ihrem Typ oder zu Ihrer Kleidung passen.

❍ Sie müssen farblich auch untereinander gut abgestimmt sein, damit Sie mehrere Tücher miteinander verbinden können.

❍ Wenn Sie ein Dessin wählen, sollte es auch farblich zu dieser Gruppe passen.

❍ Eine praktische Größe ist bei Tüchern das Maß 90 x 90 cm, besser noch 110 x 110 cm.

❍ Mindestens zwei Tücher sollten die gleiche Größe haben und das Material in der gesamten Grundausstattung das gleiche sein. Damit ist die Voraussetzung für ein breites Spektrum an Tragemöglichkeiten geschaffen.

❍ Wollen Sie Ihr Wickelprogramm erweitern, so müssen Sie unbedingt noch einen Schal haben, den Sie zum Pareo verwandeln können. Die Größe 90 (110) cm x 180 (200) cm ist ideal. Als Qualität ist leichtes, weiches Crêpe de Chine geeignet. Sie können ihn nicht nur Sommer und Winter tragen, sondern auch Pulli und Bluse damit verändern. Es ist sogar möglich, daraus ein raffiniertes Bustier, eine Bluse, eine Schärpe oder einen Rock zu wickeln.

❍ Die angegebenen Maße in diesem Buch müssen nicht genau eingehalten werden. Wenn Sie also bereits eigene Tücher haben, die nur ungefähr den angegebenen Größen entsprechen, probieren Sie es ruhig mit diesen. Sie können allerdings auch selber zum Pinsel greifen und sich Ihr individuelles Seidentuch gestalten.

Beurteilung von Qualitäten

Das enorme Angebot an Tüchern und Schals ist verwirrend, wenn man die vielen Fabrikate, Muster und Qualitäten in den Geschäften sieht. Deshalb einige Tips zur Beurteilung.

Die meisten Menschen sind optisch orientiert. Sie nehmen zuerst wahr, wie ein Gegenstand aussieht, nicht wie er sich anfühlt. Das heißt, wenn Sie sich ein Tuch kaufen, wird Ihnen zunächst die Farbe ins Auge fallen. Oder Sie bemerken, wie schön das Dessin ist. Doch wie es sich anfühlt, wird meist nur unbewußt wahrgenommen. Für die Beurteilung der Qualität eines Tuches ist es aber genauso wichtig seine Struktur zu fühlen. Ist es glatt oder körnig, aus einem warmen oder kühlen Material.

Greifen Sie in das Tuch und prüfen Sie, ob es weich und anschmiegsam ist. Schließlich tragen Sie zum Beispiel ein Halstuch sehr hautnah, ja, es wird sogar Ihr Gesicht berühren. Abgesehen davon sind für die Wahl natürlich auch die Kleidung und der Zweck entscheidend, zu denen es passen muß. Ein sportlicher, fester Wollschal zum eleganten Abendoutfit oder ein Synthetikschal zu einem reinseidenen Kleid harmonieren nicht so ganz. Schulen Sie dafür Gefühl und Blick.

Apropos Synthetik: Lange Zeit mochte ich keine synthetischen Materialien. Naturmaterialien empfand ich als viel angenehmer. Doch inzwischen gibt es Mischgewebe und reine Synthetik, die sich in Griff und Fall kaum von Naturmaterialien unterscheiden – allerdings auch kaum im Preis. Viele Frauen lassen aber Sparsamkeit walten und wollen nicht in die Qualität von Accessoires investieren. Doch gerade ein hochwertiges Tuch kann ein einfaches Kleid enorm aufwerten und ist längst nicht so stark der Mode unterworfen. Mit einem guten Tuch können Sie Ihre eigene Mode kreieren.

Die Qualitätsunterschiede innerhalb der Synthetik und Naturmaterialien sind enorm. Struktur, Dichte oder Feinheit der Gewebe sind entscheidend für den Preis. Daneben spielt auch die Ausrüstung eine Rolle. Sie hat Einfluß auf Pflege und Griffigkeit des Stoffes. Bei bedruckten Tüchern richtet sich der Wert auch nach der Art des Musters, der Ausführung des Druckes und dem Namen des Designers.

Die Binde- und Wickeltechniken aus diesem Buch gelingen am besten mit weichen und leichten Materialien. Bei der Vielfalt der Materialien läßt sich aber nicht eindeutig sagen, welche wann am besten geeignet sind. Ein Seidentuch zum Beispiel läßt sich genausogut im Sommer wie im Winter tragen. Allein auf das Gewicht der Qualität kommt es an. Das gilt auch für Wolle, Baumwolle, Viskose und Polyester.

Wenn Sie ein Tuch kaufen wollen, prüfen Sie nicht nur, ob Farbe und Design zu Ihnen passen, sondern legen Sie es auch um und fühlen, ob es hautfreundlich ist. Begutachten Sie auch den Saum. Er ist für den Preis entscheidend. Ein handrollierter Saum wirkt wesentlich wertvoller als ein Maschinensaum. Fällt das Tuch auch gut, wenn es nur locker um den Hals gelegt wird? Ist es angenehm im Griff? Und wie läßt sich der Lieblingsknoten schlingen?

All diese Merkmale sind wichtig, denn ein Tuch soll zum Spiel verführen. Es ist eine sinnliche Aufforderung sich zu schmücken, sich von Farben und angenehmen Materialien umschmeicheln zu lassen – sich selber etwas Gutes zu tun.

Entdecken Sie, welche Möglichkeiten Tücher bieten, um farbenfroher und interessanter zu wirken!

Maße von Pareos, Tüchern und Schals

Ein Pareo ist eine Wickelbekleidung, die aus einem quadratischen oder rechteckigen Stück Stoff besteht. Wenn Sie sich einen Pareo kaufen oder selbst herstellen wollen, so sind einige Maße zu beachten. Die Maße richten sich nach den Stoffbreiten und nach dem Körperumfang.

Zu beachten ist:

❍ Beim Wickeln wird die Stoffbreite oft zur Rock- oder Kleiderlänge.

❍ Die Stofflänge muß mindestens einmal um Ihren Körper passen. Messen Sei dafür Ihren Körperumfang an der stärksten Stelle: Busen oder Hüfte.

❍ Um mehr Spielraum und Wickelmöglichkeiten zu haben, geben Sie noch mindestens 30 cm der abgemessenen Stofflänge hinzu.

Maße der Pareos

90 x 90 cm
knappe Bustiers, Tops

110 x 110 cm
Kleider, Röcke, Hosen, blusige Oberteile

120 x 120 cm
Kleider, blusige Oberteile

110 x 140 cm
110 x 160 cm
110 x 240 cm
Kleider, blusige Oberteile, Sonnen-Hosenkleider

90 x 180 cm
Kleider, Röcke, Hosen, Tops, Bustiers, blusige Oberteile, Hosenkleider

90 x 220 cm (240 cm)
Kleider, Hosenkleider, Tops, Bustiers, blusige Oberteile

110 (115) x 300 cm
Sari-Formen als Abendkleider

Maße der Tücher und Schals

40 x 40 cm
Nicki-Tücher, Hals- und Haartücher, Einstecktücher

90 x 90 cm
Hals- und Kopftücher, auch als Taillen- und Hüftschmuck

110 x 100 cm
120 x 120 cm
140 x 140 cm
Schultertücher

30 x 140 cm
45 x 180 cm (200 cm)
Schals für den Hals oder als Gürtelschärpe zu tragen

Die angegebenen Maße können leicht variieren, das macht für die Bindetechniken wenig aus.

Gut gefaltet ist halb gewonnen

Um ein Tuch dekorativ zu binden und geschickt zu befestigen, sollten Sie einige Kniffe kennen. Wichtigste Voraussetzung für die Realisation aller Wickel- und Bindetechniken sind schöne Faltungen. Sorgfältig ausgeführt, sind sie das A und O für die interessante Wirkung Ihres Tuches und die Ausgangsposition für viele Modelle in diesem Buch. Vor allem bei Hals- und Kopftüchern ist die Grundfaltung entscheidend für guten Sitz und schönen Fall des Materials. So wichtig der erste Schritt zum Wickeln und Knoten auch ist, er ist kinderleicht und Sie brauchen kaum Übung dazu.

Nachfolgend sind schematisch alle Grundfaltungen aufgeführt, die in den einzelnen Beschreibungen immer wieder auftauchen. Um die beschreibenden Texte nicht immer wiederholen zu müssen wird nur noch die Schema-Bezeichnung von A bis G genannt.

Grundfaltungen der Tücher

Quadratische Tücher

A Faltung zum Dreieck

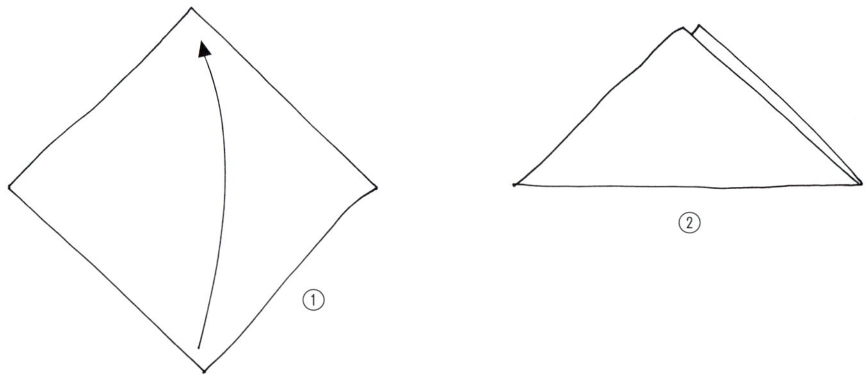

B Faltung zu einem Band I

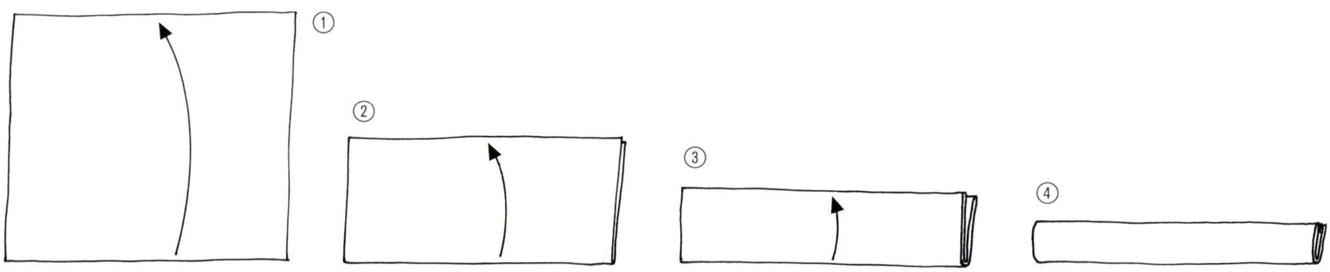

C Faltung zu einem Band II

D Faltung zur Krawatte I

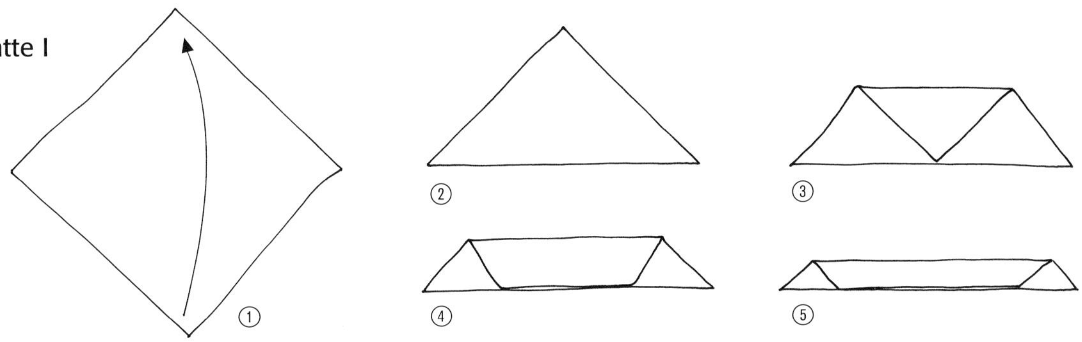

E Faltung zur Krawatte II

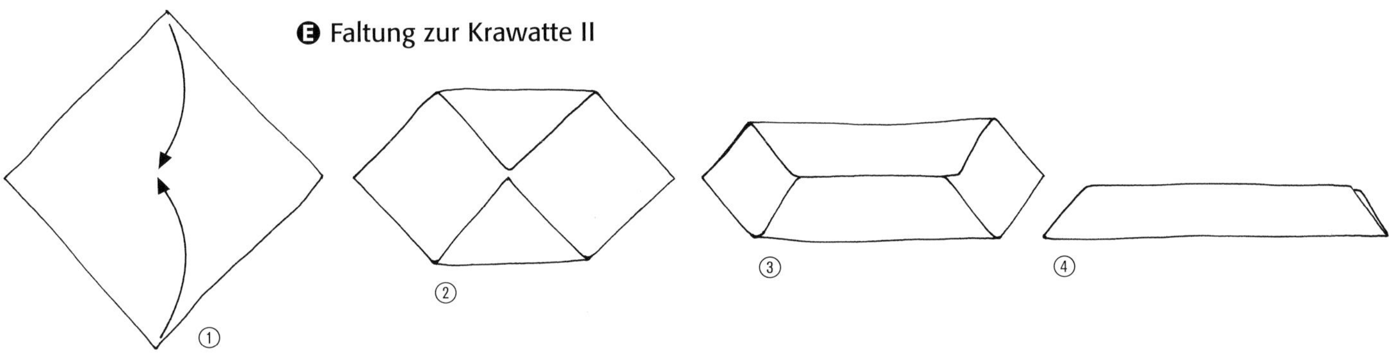

Rechteckiges Tuch

F Faltung auf halber Länge, halbe Breite

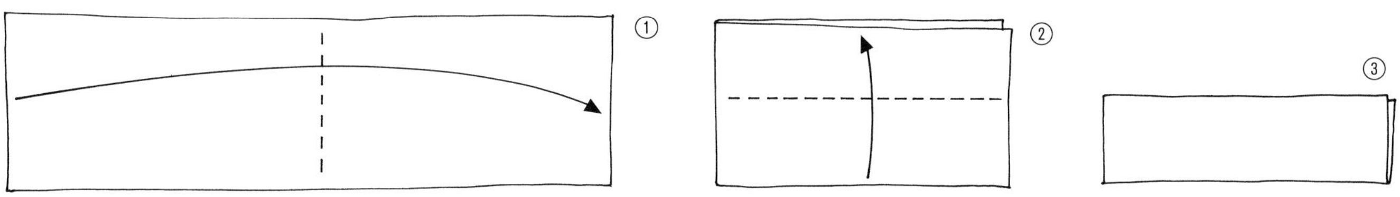

Fiesta espanol

Teilen Sie Ihren Pferdeschwanz in zwei Stränge. Nehmen Sie ein dünnes langes Chiffontuch und drehen Sie jeweils ein Ende um jeden Haarstrang. Fassen Sie beide Haarstränge am Ende mit dem Tuch zusammen.

Ein toller Dreh für Ihren Zopf! Das eingeschlungene Tuch macht ihn dicker und verlängert ihn optisch. Die zwei verbundenen Haarstränge wirken wie ein Zopf. Die Zauberei ist kein Kunststück. Der richtige Kopfschmuck für heiße Nächte in Andalusien – und nicht nur dort.

Easy Rider

Ein Tuch 90 x 90 cm wird nach Schema D oder E gefaltet.

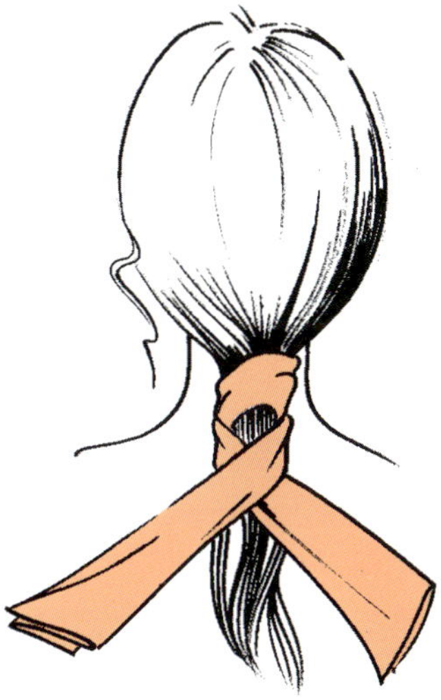

1 Schlingen Sie es zweimal um den Pferdeschwanz.

2 Dann verknoten Sie es so nah wie möglich im Nacken.

Das ist das richtige für Harley-Davidson-Fans. Natürlich auch mit Helm!

Boulevard

Ein Tuch 90 x 90 cm nach Schema E falten und mit einer Schleife nach Schema G ins Haar binden. Den gleichen Effekt können Sie auch mit einem Schal erzielen.

Die schnelle Schleife wenn´s zum Einkaufen geht. Paßt natürlich auch sonst ganz gut.

Platzregen

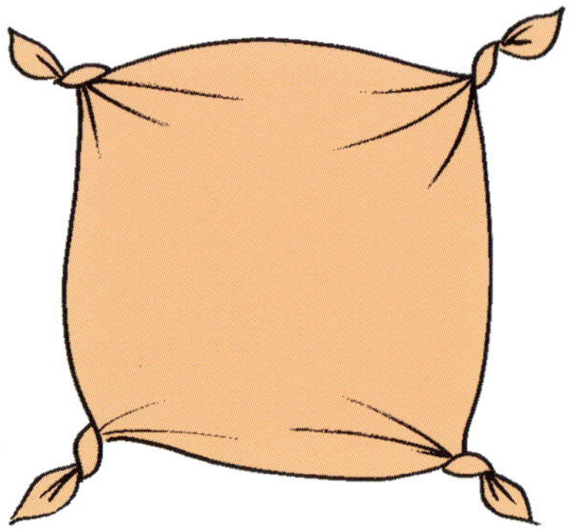

1 Machen Sie in jede Ecke eines kleinen quadratischen Tuches, z. B eines Taschentuches, einen Knoten.

2 Auf den Kopf gelegt ist es ein schnell gemachter Sonnenschutz. (Als Kinder haben wir es auch als Regenschutz getragen, auch wenn es nichts nützte).

Sweet Ninja

Zwei dünne Chiffontücher wurden hier zu einer Kordel gedreht, um die Stirn gelegt und unter den Haaren verknotet. Natürlich sieht auch ein Band gut aus, wie die Zeichnung zeigt. Eine Erinnerung an die Hippie-Zeit, als man auch Blumen mit ins Haar flocht. Dieses Band ist aber auch heute noch ausgesprochen gut tragbar.

Um den Kopf gelegt

Auch Kopftücher lassen sich vielfältig schlingen. Der Turban ist die raffinierteste Methode von allen. Aber so kompliziert, wie diese Wickeltechnik auf den ersten Blick erscheint, ist sie nicht. Sie werden schnell zu einer Meisterin, wenn Sie den richtigen »Dreh« gefunden haben.

Das vielseitige Erscheinungsbild des Turbans ist abhängig von der Tuchgröße. Einige Formen lassen sich auch mit Schals realisieren. Auch wenn der Turban nur dazu dient, eine schlechtsitzende Frisur für kurze Zeit zu verdecken oder nasse Haare vor dem Wind zu schützen, eine enorm dekorative Wirkung hat der Turban immer. Sogar zu hochkarätigen Anlässen wirkt ein gekonnt geschlungener Turban elegant. Andere Aufgaben erfüllen um den Kopf gelegte Tücher schon immer; sei es im Winter als wärmender Schal um den Kopf gedreht oder als Windschutz, damit auch ein Sturm Ihren Haaren und Ihrem Wohlbefinden nichts anhaben kann.

Cabrio

1 Ein Tuch von 90 x 90 cm oder 110 x 100 cm zu einem Dreieck falten.

2 Legen Sie es über den Kopf, Faltkante nach vorn über die Stirn.

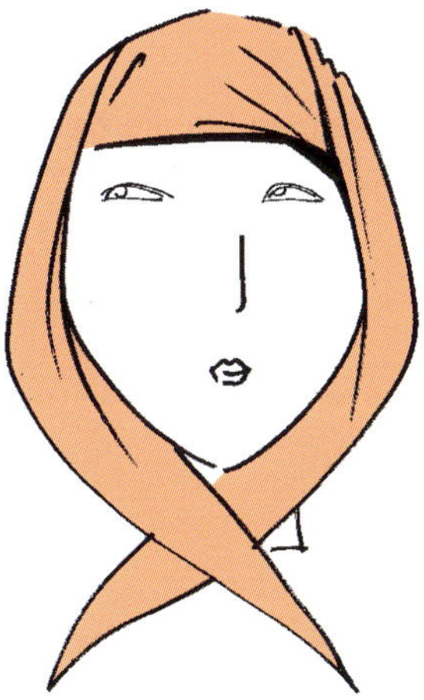

3 Die Enden unter dem Kinn überkreuzen und zum Nacken führen.

4 Dort mit einem Knoten verbinden.

Variation
Die Fahrt im offenen Wagen ist vorbei. Wenn Sie das Tuch nun vom Kopf nach hinten abstreifen und auf den Halsansatz fallen lassen, erhalten Sie diesen weichen Schal. Zupfen Sie ihn vorne dekorativ zurecht. Diese Bindetechnik läßt das Tuch kaum verrutschen.

Herbstausflug

2 Legen Sie das Tuch von vorne um die Stirn. Fassen Sie die beiden seitlichen Enden straff und drehen Sie sie zur Kordel.

3 Die gedrehten Zipfel zum Nacken führen und dort über der dritten Spitze mit einem Knoten befestigen.

Art Deco

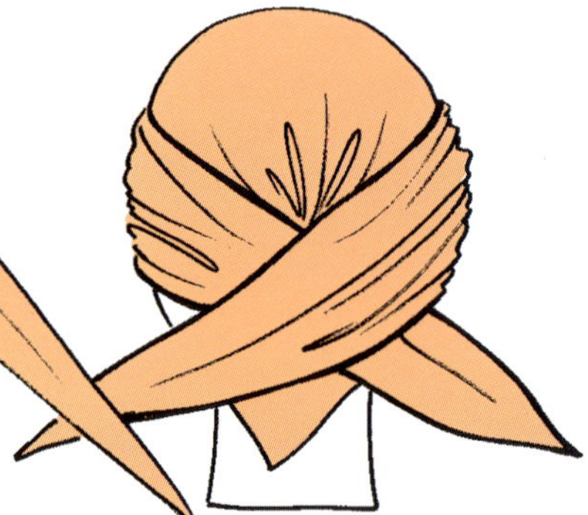

1 Ein Tuch von 70 x 70 cm oder 90 x 90 cm für Schritt 4 zum Dreieck falten. Legen Sie das Tuch mit der gefalteten Seite auf die Stirn.

2 Überkreuzen Sie die beiden seitlichen Enden im Nacken ...

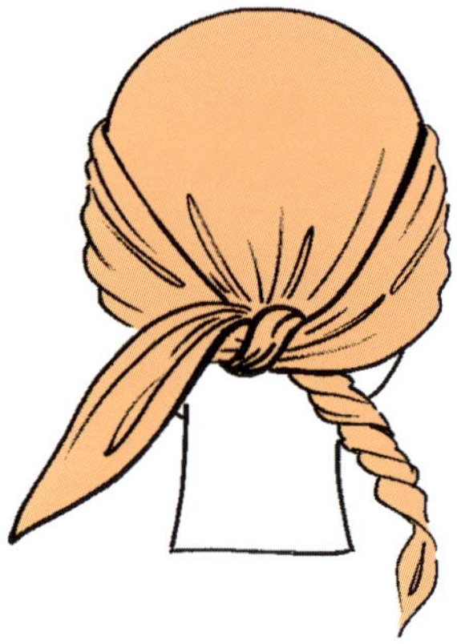

3 ... oder machen Sie dort einen Knoten. Drehen Sie die Enden zu einer Kordel, und ...

4 ... ziehen sie nach vorn über die Stirn. Dort mit einem Knoten abschließen. Zwei kleine Zipfel dürfen frech abstehen.

Avanti

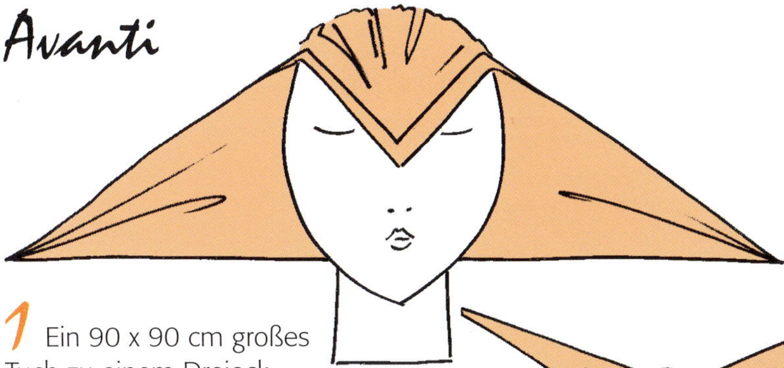

1 Ein 90 x 90 cm großes Tuch zu einem Dreieck falten. Die Ecken der offenen Kanten auf die Stirn legen.

2 Die beiden anderen Ecken von den Seiten nach oben holen und auf der Stirn miteinander verkreuzen. Bei entsprechender Größe des Tuches können sie die Enden in den Nacken ziehen und dort verknoten.

3 Die auf der Stirn liegende Ecke nach oben über den Knoten ziehen und dort feststecken. Alles zurechtzupfen.

Dieser Turban aus feiner Seide ist in erster Linie eine dekorative Kopfbedeckung. Je nach Qualität des Tuches kann er aber auch praktischer Wind- und Sonnenschutz sein.

Hallo Frollein

Ein Tuch von 90 x 90 cm nach Schema E falten. Legen Sie es vom Nacken aus um den Kopf. Auf dem Kopf eine Schleife binden nach Schema G, Seite 15. Schlaufen auseinanderziehen und bauschen.

Eine freche Schleife. Man kennt sie aus Bildern und Filmen der Nachkriegszeit. Besonders in Frankreich sieht man sie immer mal wieder. Sie können dazu auch einen Schal nehmen und wie beschrieben binden. Diese Schleife hält nicht nur das Haar zusammen, sondern gibt einer schlichten Frisur erst den richtigen Pfiff.

Charleston

1 Ein dünnes Seidentuch von 90 x 180 cm von vorne um den Kopf legen. Es kann auch 20 bis 30 cm schmäler und kürzer sein. Probieren Sie es aus.

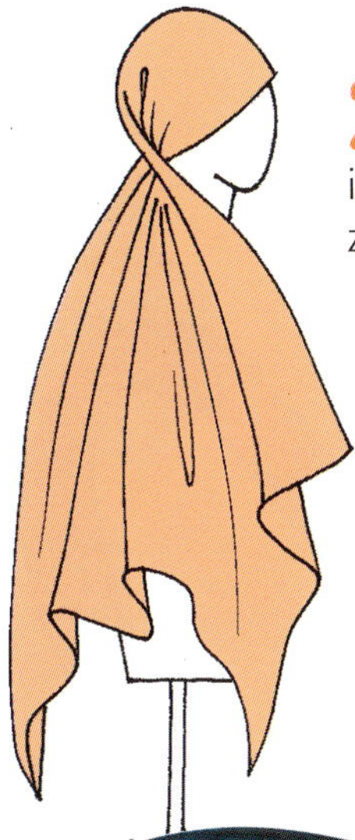

2 Fassen Sie es im Nacken eng zusammen.

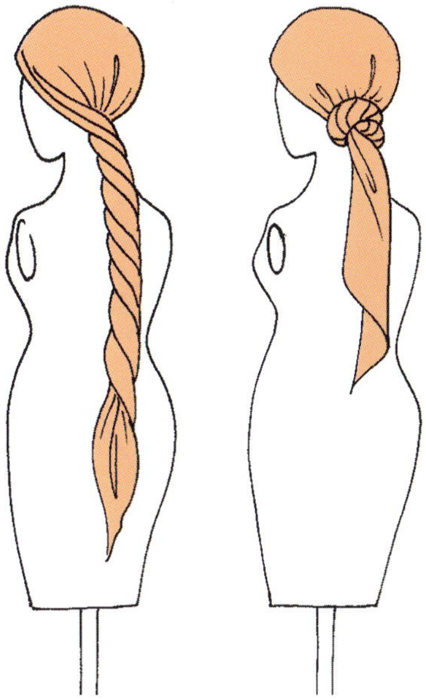

3 Drehen Sie den im Nacken zusammengefaßten Stoff zu einer festen Kordel.

4 Dicht am Nacken machen Sie abschließend einen Knoten. Lösen Sie die Schalenden, um die dekorative Wirkung zu erhöhen.

Je geschmeidiger und dünner das Material des Tuches ist, um so besser läßt es sich binden. Das Profil wird mit dieser Bindetechnik unterstrichen.

Fernost I

Die beiden folgenden Bindetechniken erscheinen nur im ersten Moment im Ergebnis sehr ähnlich. Fernost I entsteht aber nur mit einem Tuch, Fernost II mit zwei Tüchern, die natürlich nur deutlich werden und richtig zur Geltung kommen, wenn sie aus verschiedenen Farben sind.

1 Einen Schal von 180 cm Länge von hinten nach vorne um den Kopf legen.

2 Die Enden einmal umeinanderschlingen.

3 Die Enden im Nacken mit dem Grundknoten verbinden.

Fernost II

1 Falten Sie zwei Tücher von 90 x 90 cm nach Schema C, Seite 13, zu Bändern, die über Kreuz gelegt werden.

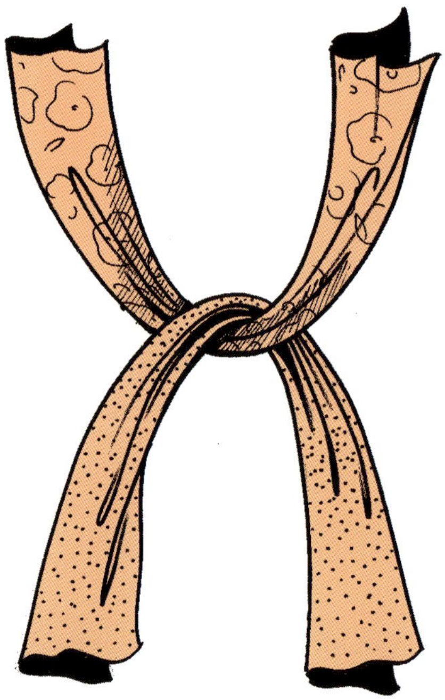

2 Damit sich die Tücher umeinander schlingen, fassen Sie beide Enden eines jeden Tuches und legen es um den Kopf. Die Enden verknoten. Sie können – sehr chic – einfach lose flattern oder unter den Turban gesteckt werden.

Zupfen Sie die Breite nach Ihrem Geschmack zurecht. So entsteht ein dekorativer Turban oder nur eine Art Stirnband.

Turnier

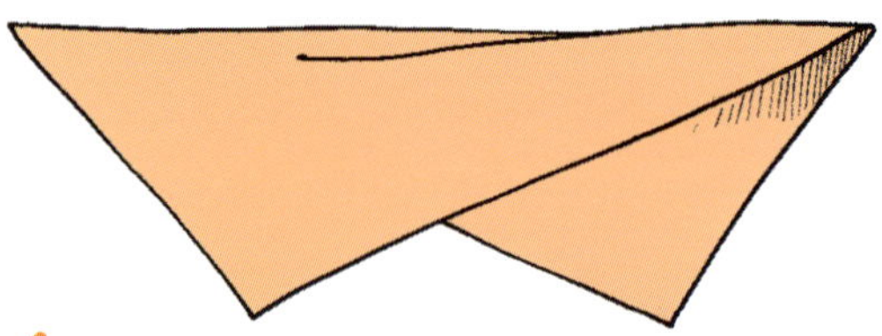

1 Legen Sie ein quadratisches Tuch, Format 90 x 90 cm, zum Rechteck. Falten Sie das Tuch jetzt diagonal, so daß zwei übereinanderliegende Dreiecke entstehen (Es ist dabei egal, ob Sie die Ecke an der offenen oder geschlossenen Seite anfassen. Sie erhalten eine Form wie in der Zeichnung, evtl. nur seitenverkehrt. Das macht aber nichts.).

2 Sie erhalten auf jeden Fall eine durchgehende Faltkante, die Sie von vorne um den Kopf legen.

3 Ziehen Sie die beiden Enden an der Faltkante in den Nacken, wo sie über den beiden Dreiecksspitzen des Tuches verknotet werden.

Freibeuterin

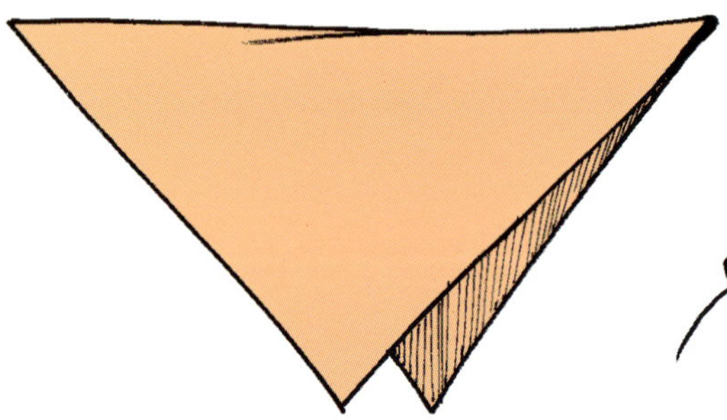

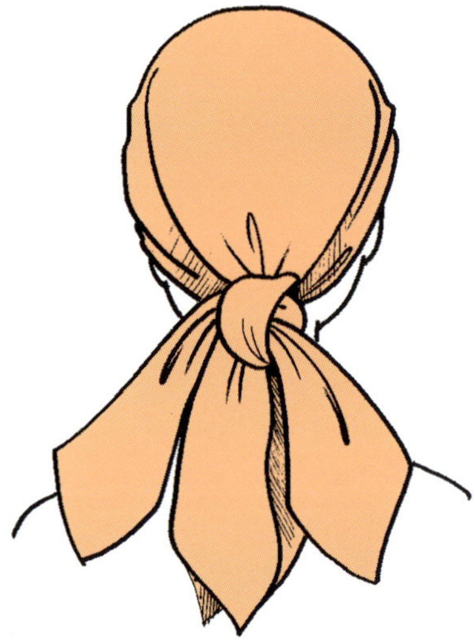

1 Ein 90 x 90 cm großes Tuch zu einem Dreieck falten.

2 Das Tuch um den Kopf legen.

3 Die zwei seitlichen Zipfel hinten über dem Nackenzipfel mit einem Knoten verbinden.

Ob Sonnen- oder Windschutz, tief in die Stirn gezogen erhält das Tuch erst den richtigen Chic. Macht sich gut auf jeder Yacht – oder auf einer windigen Seepromenade!

Eleonora

Für diesen eleganten Turban sollte das Material sehr geschmeidig und der Schal nicht zu breit sein.
Die folgenden Kopftücher lassen sich auch aus einem dünnen Pareo wickeln.

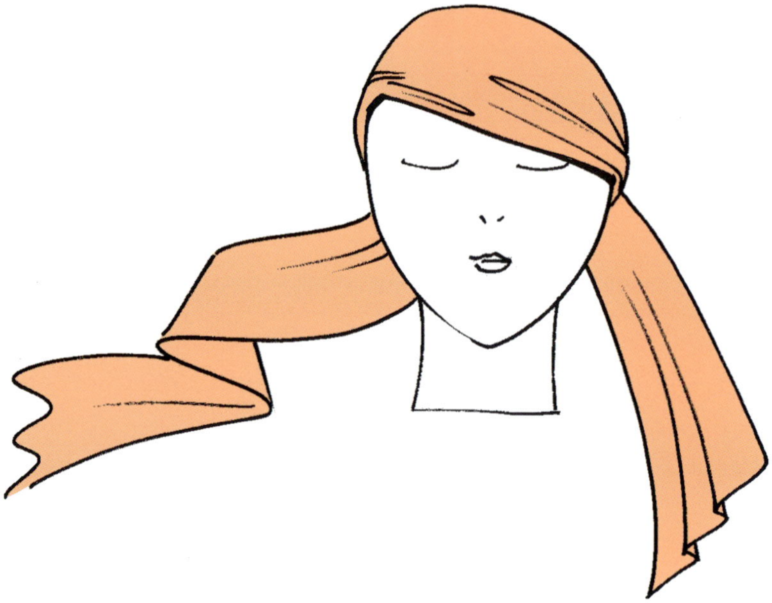

1 Einen Schal von 90 x 240 cm der Länge nach zur Hälfte falten und um den Kopf legen. Im Nacken kreuzen.

2 Die Enden wieder nach vorn holen und jetzt über der Stirn kreuzen.

3 Die Enden wieder zum Nacken zurückführen.

4 Jetzt können sie dort verknotet oder wenn noch genügend Stoff zur Verfügung steht, einfach um den Hals geschlungen werden.

Um den Hals drapiert

Ein Tuch am Hals getragen, verlangt nach einem besonderen Knoten. Er darf sich natürlich nicht lösen und keine Langeweile verströmen. Tücher, die in der Nähe Ihres Gesichtes getragen werden, sollten gut auf die Trägerin abgestimmt sein. Sie haben neben der schützenden Funktion auch einen besonders dekorativen Auftrag zu erfüllen.

Botschafterin I

Diese Tragemöglichkeit wird Ihnen viel Freude bereiten, weil Sie sicher oft darauf angesprochen werden. Der innen liegende Knoten gibt weichen Materialien mehr Stand und Fülle.

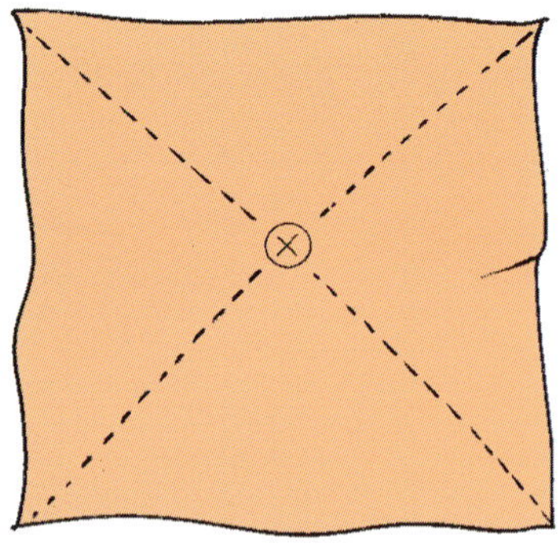

1 In die Mitte eines Tuches von 90 x 90 cm wird »pfötchenartig« so gegriffen, daß die Enden beim Hochheben locker herunterfallen.

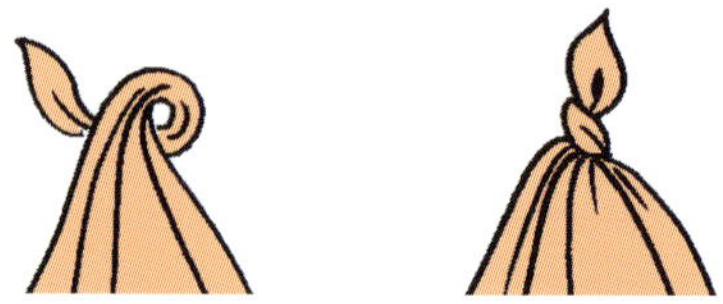

2 Schlingen Sie in diese Mitte einen kleinen Knoten.

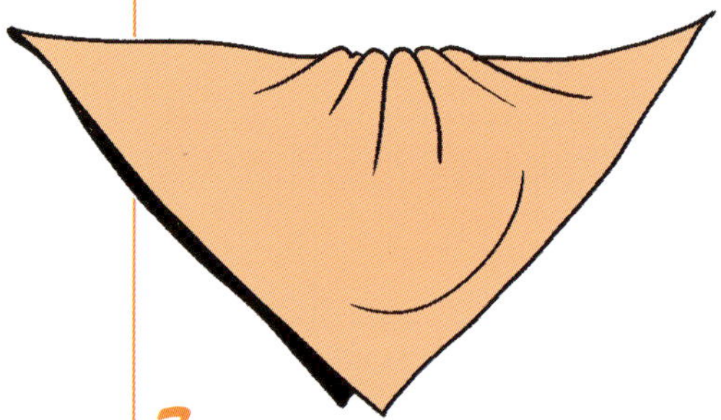

3 Fassen Sie zwei gegenüberliegende Zipfel so, daß das Tuch zu einem Dreieck fällt. Der Knoten muß innen liegen.

4 Legen Sie das Tuch locker um den Hals, mit dem Knoten unter dem Kinn. Verbinden Sie die Enden im Nacken.

Botschafterin II

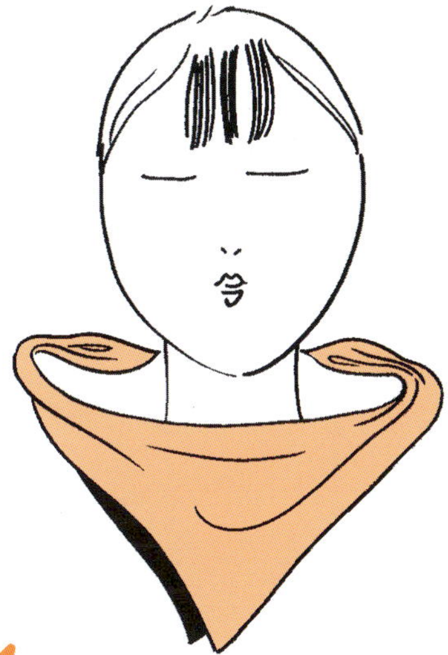

1 Ein quadratisches Tuch von 90 x 90 cm wird zum Dreieck gefaltet. Legen Sie es so um den Hals, daß die gefaltete Kante unter dem Kinn liegt.

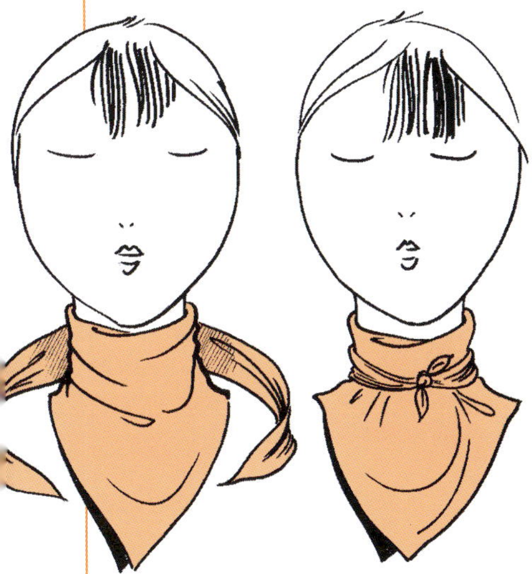

2 Überkreuzen Sie die Enden im Nacken, die Sie wieder nach vorne führen.

3 Dort verbinden Sie die Enden mit einem Knoten.

Eine Variante dieser Technik: Die obere, unter dem Kinn gefaltete Tuchkante wird einfach nach vorne umgeschlagen, so daß der Knoten nicht mehr sichtbar ist. Im Blusenausschnitt oder zu Pullis und T-Shirts getragen, haben Sie einen nicht verrutschenden aparten Halsschmuck.

Kesse Lola

Diese Technik können Sie auch für einen Schal verwenden. Der Knoten löst sich nicht und das Tuch sieht den ganzen Tag über chic aus, ohne daß es immer wieder korrigiert werden muß.

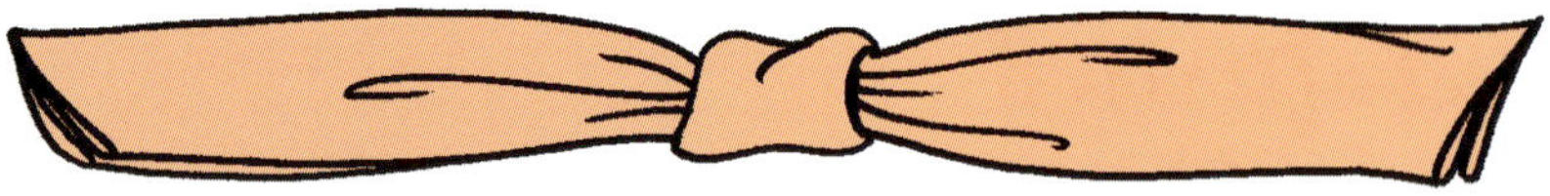

1 Ein Tuch von 120 x 120 cm wird nach Schema E gefaltet. Schlingen Sie in die Mitte einen lockeren Knoten.

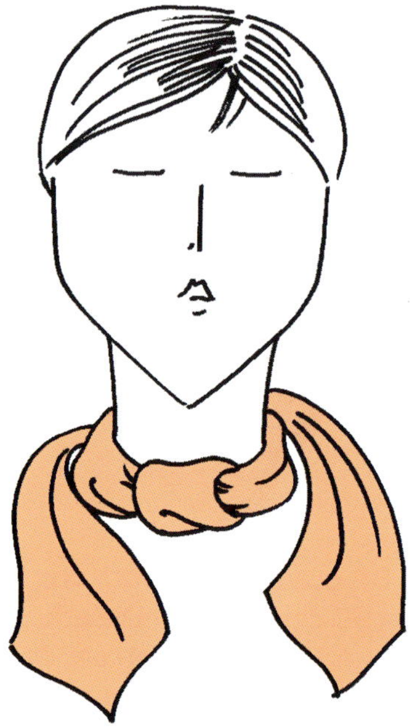

2 Plazieren Sie diesen Knoten unter dem Kinn. Die Tuchenden werden im Nacken verkreuzt und nach vorne geführt.

3 Ziehen Sie die Tuchenden durch den Knoten.

Teatime

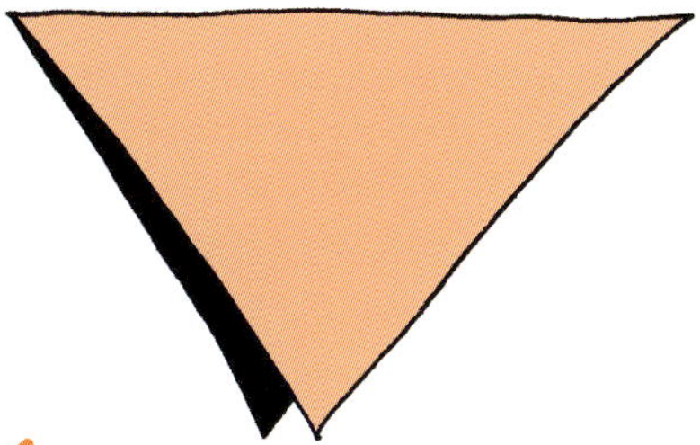

1 Falten Sie ein Tuch von 70 x 70 cm zum Dreieck.

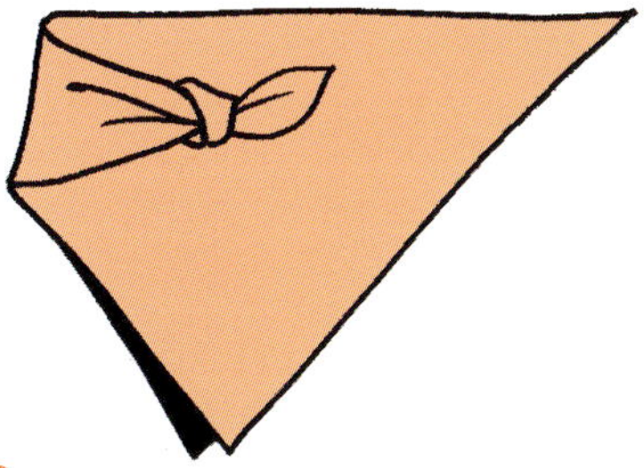

2 Machen Sie in einen der Zipfel einen lockeren Knoten.

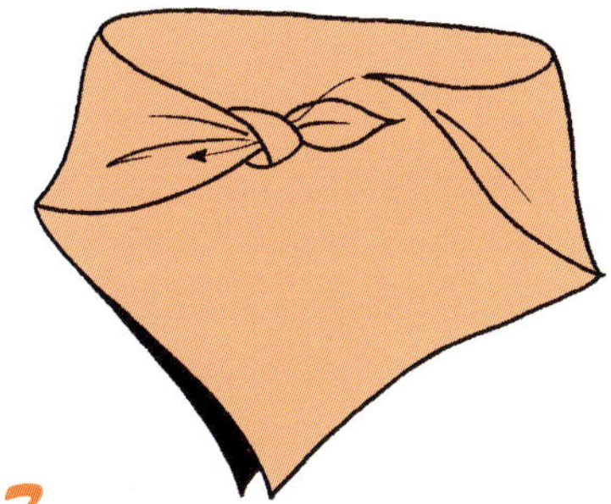

3 Legen Sie das Tuch um den Hals und ziehen Sie den zweiten Zipfel so durch den lockeren Knoten, wie es im Bild gezeigt wird.

4 Im Grunde genommen sieht der Knoten dann aus wie bei der »Kessen Lola«.

Variante

Nehmen Sie ein 90 x 90 cm großes Tuch und machen Sie in das untere Drittel einer Tuchspitze einen lockeren Knoten. Durch diesen stecken Sie nun die andere Spitze des Tuches, aber nicht wie in Schritt 3 von rechts, sondern von links.

Kurfürstendamm

Wenn Sie kaum Zeit haben, Ihr Tuch öfter zu richten, ist diese Technik optimal. Sie machen damit immer einen korrekten Eindruck.

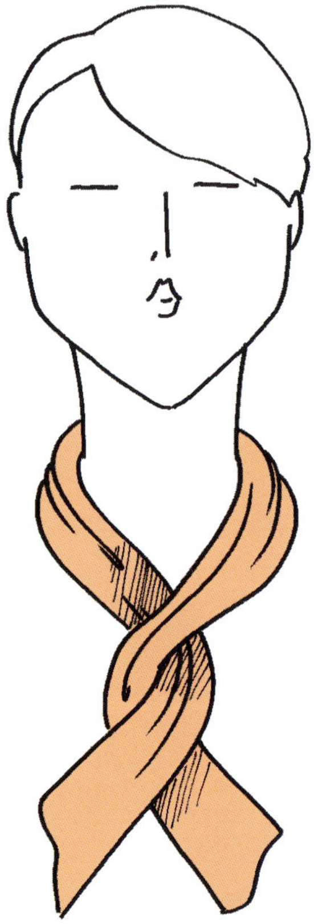

1 Ein Tuch in der Größe von 120 x 120 cm nach Schema D oder E falten. Legen Sie die Mitte des Tuches am Nacken an. Die Enden nach vorne führen und zweimal kreuzen.

Ein strenges Kostüm oder ein Blazer bekommt mit dieser Faltidee eine feminine Note. Tücher aus feinerem Material sehen optisch fülliger aus.

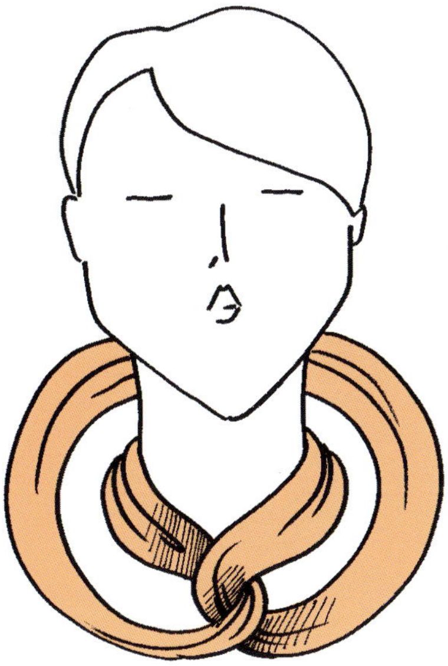

2 Nun die Enden wieder nach hinten legen.

3 Im Nacken mit einem Knoten befestigen.

Vernissage

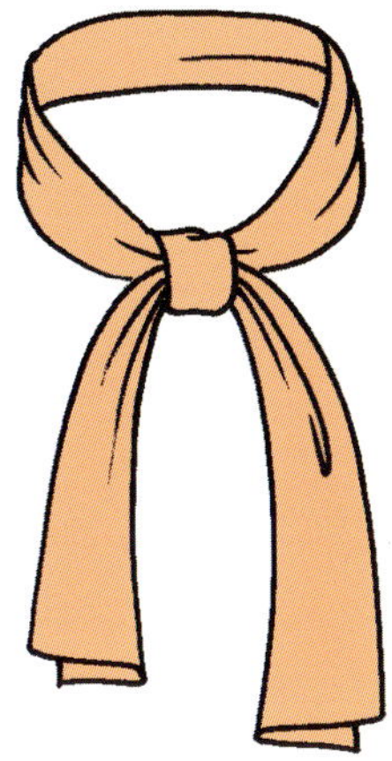

1 Legen Sie einen Schal etwa 30 x 130 cm von hinten nach vorne um den Hals und machen Sie einen Knoten. Ein Ende muß etwas länger bleiben.

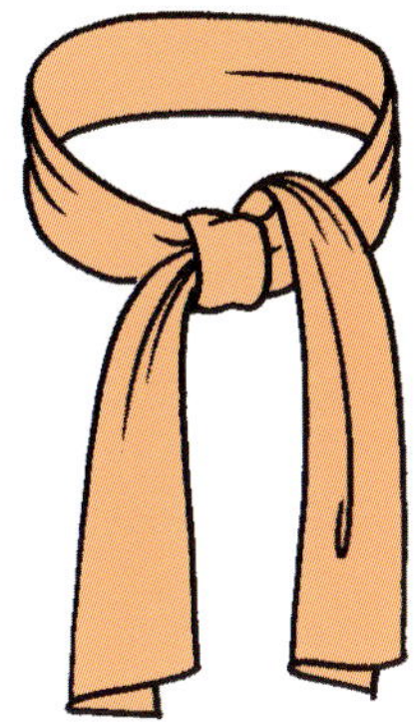

2 Das längere Ende hinter den etwas gedrehten Knoten ziehen und dann nach vorn über alles legen.

3 Zupfen Sie das vorne liegende Teil breit auseinander.

Tip

Diese Faltidee gelingt auch mit einem Tuch von 120 x 120 cm, das Sie nach dem Schema E gefaltet haben.

Seidenschals lösen sich garantiert nicht mehr mit diesem Trick. Er ist auch für Männer gut geeignet und hält aus dickeren Qualitäten schön warm.

3 x halbe Länge – schnell geschlungen

Die folgenden Schlaufen sind schnell gebunden. Sie bleiben beim Tragen nicht immer fest sitzen und müssen deshalb öfter zurechtgezupft werden.

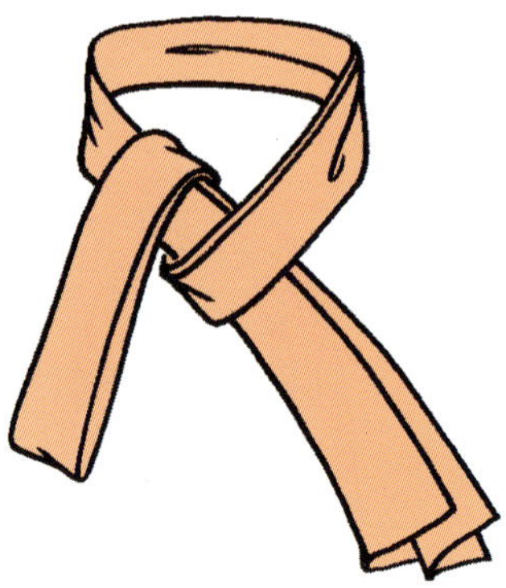

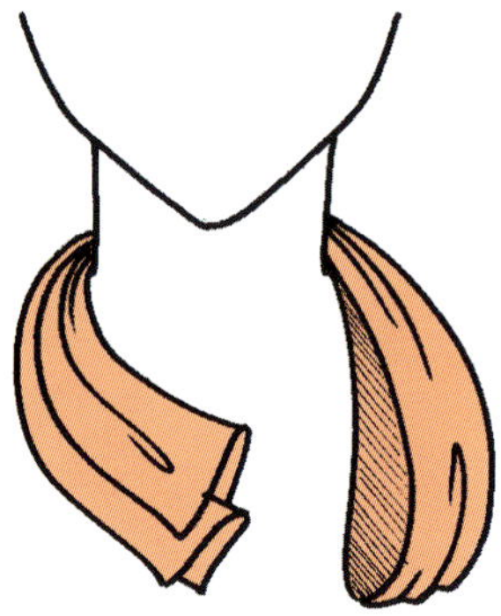

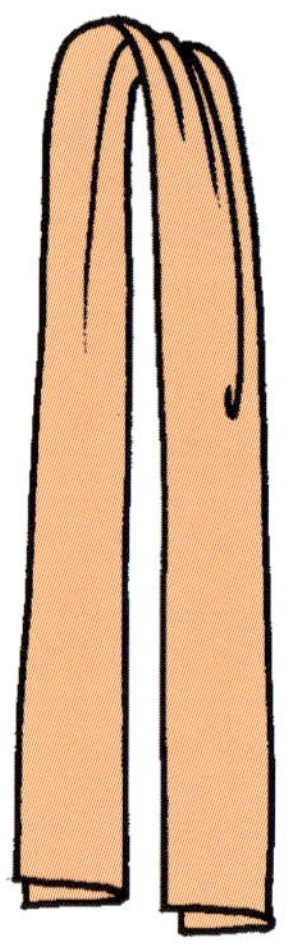

1 Einen Schal von mindestens 220 cm falten Sie sowohl der Länge nach (Schema F) als auch auf halbe Länge und legen ihn um den Hals. Enden nach vorn.

Variante A
Schlagen Sie ein Schlaufenende um das andere (halber Knoten). Sie können den Schal halsfern oder eng am Hals tragen. Zupfen Sie alles nach Ihrer Vorstellung zurecht. Sicherlich haben Sie schon öfter Ihre Schals in dieser einfachen Art gebunden.

Variante B
Sie falten und legen den Schal wie in der Variante A. Nun werden die beiden losen Enden nur durch die Schlaufe des zusammengelegten Schals gezogen. Schnell fertig und angenehm zu tragen.

Diese Technik ist sehr einfach, aber doch wirkungsvoll. Sie ist auch gut geeignet für dickere Wollqualitäten. Auch Männer könnten ihren Schal so zum Mantel tragen. ▶

Variante C

Ziehen Sie diesmal die Schalenden versetzt durch die Schlaufe, d. h. ein Schalende von unten, das andere von oben. Abschließend das Tuch locker drapieren.

Ziehharmonika I

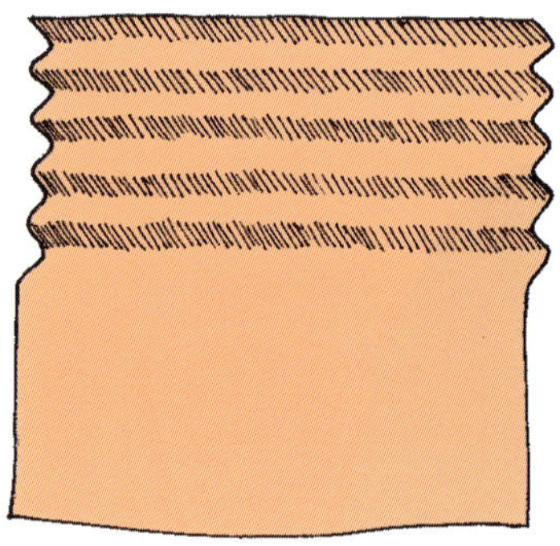

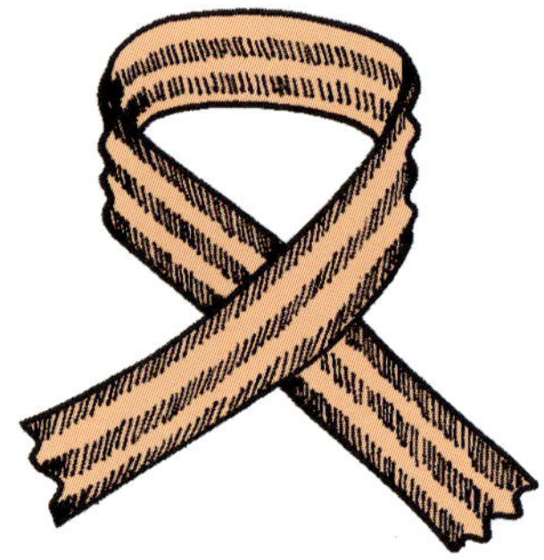

1 Ein Tuch von 90 x 90 cm wie eine Ziehharmonika falten.

2 Legen Sie das Tuch um den Hals und machen Sie vorne einen halben Knoten.

3 Zupfen Sie die beiden gefalteten Enden auseinander.

Ziehharmonika II

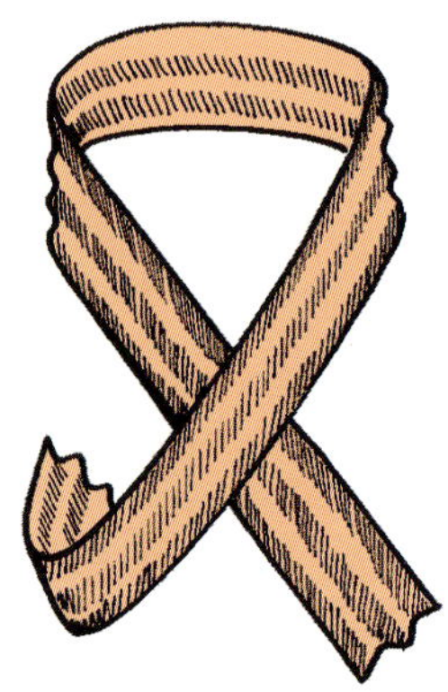

1 Ein Tuch von 90 x 90 cm ähnlich wie eine Ziehharmonika in Falten legen.

2 Dieses Band um den Hals legen und die Falten gut festhalten.

3 Diesmal machen Sie den ganzen Knoten und zupfen ebenfalls die gefalteten Enden auseinander.

Das zu einem Band gefaltete Tuch ist nach dem Prinzip von Seite 41 »Vernissage« gebunden. Der Blazer oder Pulli bekommt einen attraktiven Blickfang.

Karo einfach

Ist Ihnen der »Gordische Knoten« zu kompliziert, voilà, es geht auch einfacher.

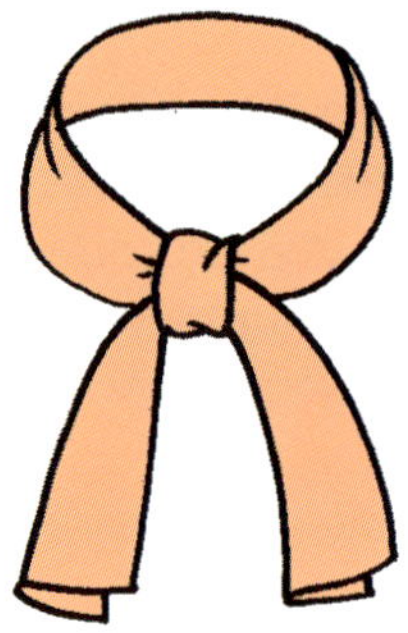

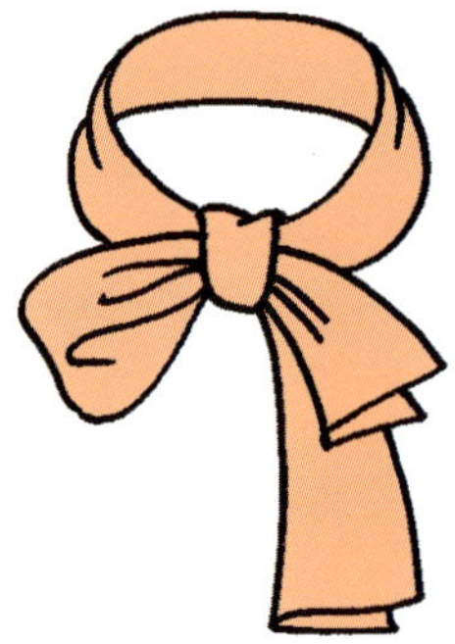

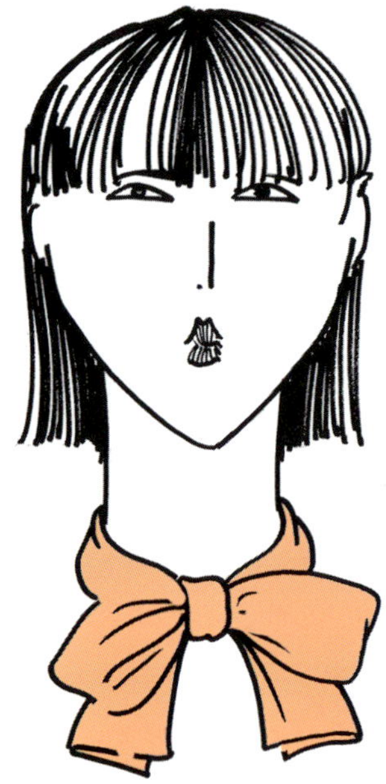

1 Legen Sie Ihr Tuch oder Ihren Schal um den Hals und befestigen Sie die Enden dicht am Hals mit einem ganzen Knoten.

2 Zuerst ein Tuchende durch den Knoten durchziehen und eine kleine Schlaufe stehen lassen.

3 Dann das andere Ende durch den Knoten ziehen und ebenfalls eine Schlaufe stehen lassen. Beide Schlaufen horizontal festziehen.

Lutherrose

Diese gekreuzte Schleife hat starke Ähnlichkeit mit der sog. Lutherrose. Sie ist einfacher zu binden als es aussieht. Sie nehmen einen duftigen Schal von 45 x 200 cm, der der Länge nach gefaltet wird.

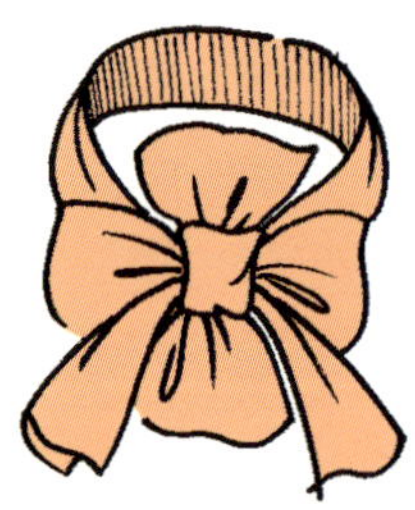

1 Binden Sie eine Schleife nach Schema G, Seite 15, und darüber eine zweite, die senkrecht steht.

2 Zupfen Sie die Schleifen zu einer schmückenden Rosette zurecht. Dabei werden die beiden so gelegt, daß sie unter der Rosette hervorschauen.

Chefetage

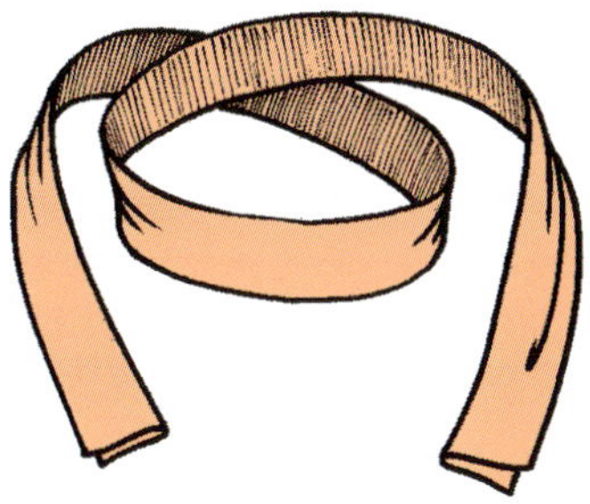

1 Einen Schal von etwa 240 cm Länge wird zu einem schmäleren Band gefaltet. Legen Sie ihn von vorne um den Hals, die Enden nach hinten ziehen, im Nacken überkreuzen und wieder nach vorne führen. Die Mitte des Schals vorne etwas lockern und drehend herunterziehen, damit sich eine Schlaufe bildet.

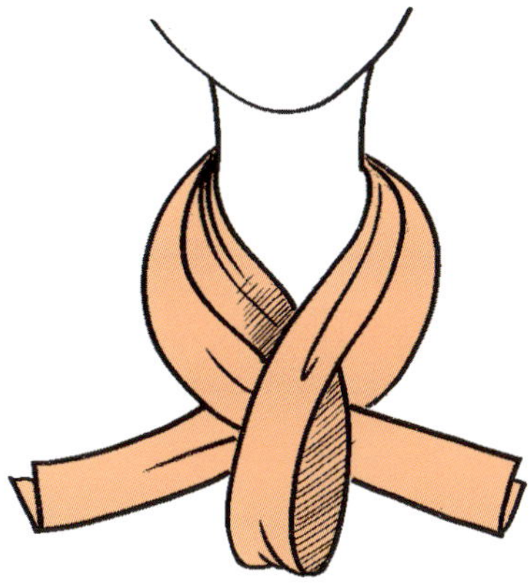

2 Unter der Schlaufe die Schalenden überkreuzen, nach oben über die Schlaufe führen, dort miteinander verknoten und zurechtzupfen.

Dieser Knoten, vorn oder seitlich getragen, wirkt genauso füllig, wenn er aus einem feinen Chiffonschal gebunden wird. ▶

Sommerrose

Eine Rosette, gedreht aus einem weichen Material, z. B. Chiffon-Seide, hat eine feminine Note. Obwohl sie kompliziert aussieht, ist sie recht einfach herzustellen.

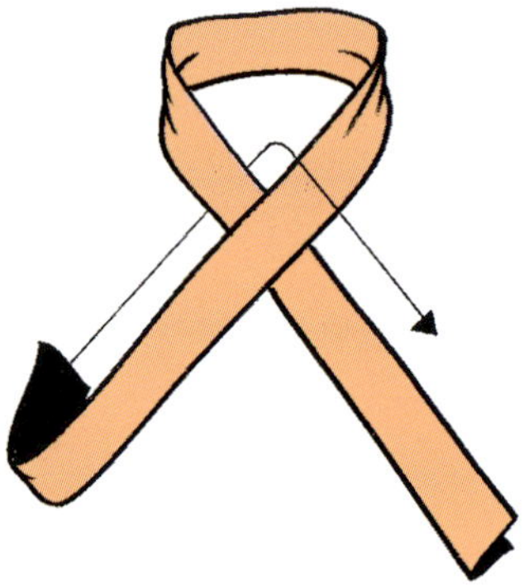

1 Falten Sie einen dünnen Schal von 120 cm zu einem Band, das Sie um den Hals legen. Beide Enden müssen gleich lang sein. Machen Sie einen halben Knoten.

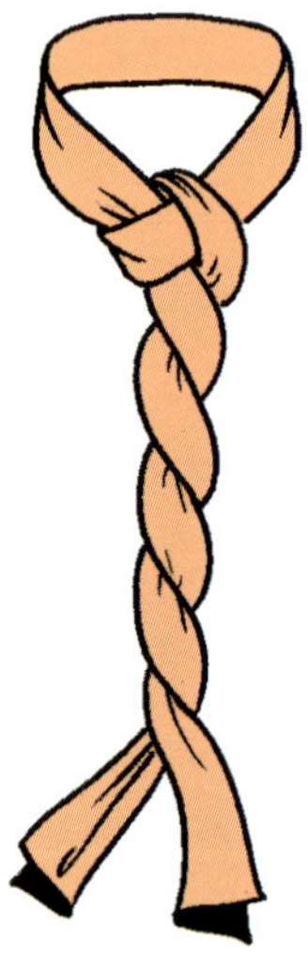

2 Verdrehen Sie die Enden zu einer festen Kordel und wickeln Sie beide Enden nochmals umeinander. Der gedrehte Teil wird zu einer kleinen, festen Schnecke gelegt.

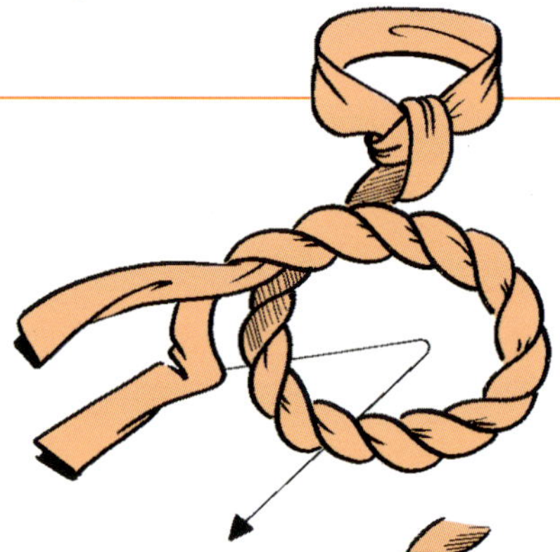

3 Jetzt wird aus dem nicht zur Schnecke gedrehten Ende eine Schlinge geformt, die mit einem Finger in die kleine ringförmige Öffnung gezogen wird.

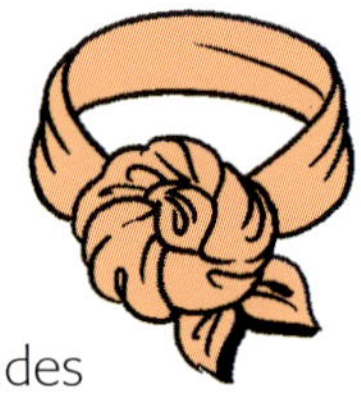

4 Zupfen Sie die Schlinge blumig zurecht. Die beiden Spitzen des Schalendes können versteckt werden (wie in der Schlußzeichnung gezeigt) oder hervorschauen (wie in der Prinzipzeichnung).

Business

1 Legen Sie sich einen Schal von 30 x 160 cm (180 cm) um den Hals, den Sie der Länge nach etwas schmaler gefaltet haben. Ein Ende sollte länger als das andere sein.

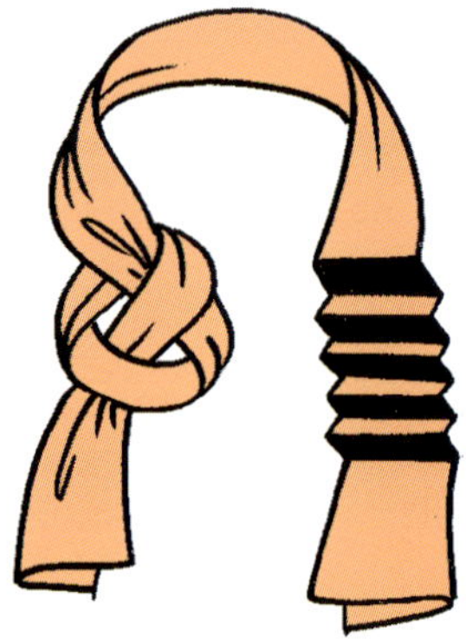

In das kürzere Ende einen Knoten schlingen, das längere Ende wird plisseeartig gerafft und als Schlaufe fest zusammengehalten.

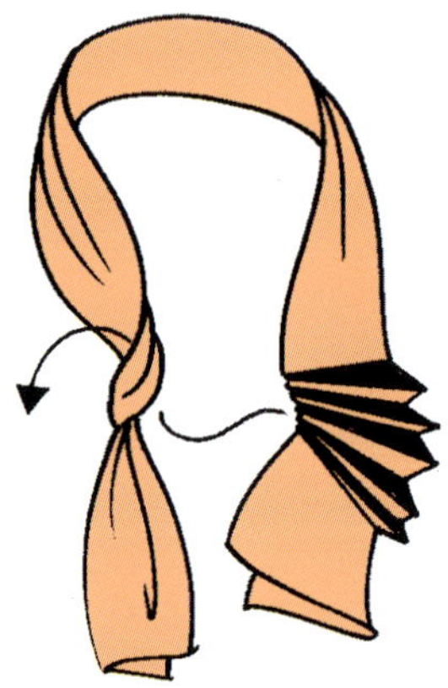

2 Nun schieben Sie das geraffte Ende zur Hälfte durch den Knoten und ziehen diesen fest zu.

Hier wird die Schleife hoch am Hals getragen. Je nach Länge des Schals können Sie sie aber auch etwas tiefer, oberhalb der Brust binden. Schleifen sind am wirkungsvollsten zu schlichter Kleidung, der sie den nötigen Pfiff und eine feminine Note verleihen. ▶

Romeo und Julia

Zwei innig verschlungene Tücher...

1 Falten Sie zwei Tücher von 90 x 90 cm nach Schema B zu Streifen von 5 bis 10 cm. Diese Streifen werden locker gedreht.

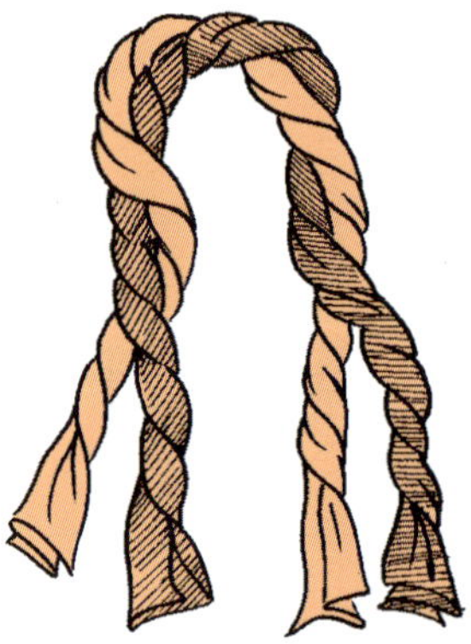

2 Beide gedrehten Tücher kordelartig, aber locker umeinander drehen. Legen Sie die Kordel als eine Art Halsband eng von vorne nach hinten um den Hals. Im Nacken verknoten.

Halskette

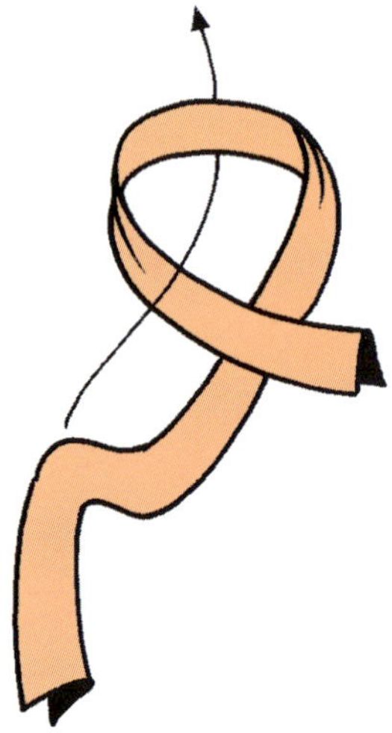

1 Am besten ist hierfür ein Chiffonschal geeignet, etwa 160 cm lang. Falten Sie den Schal zu einem Band. Drehen Sie das Band etwas. In einem Bandende bilden Sie eine kleine Schlaufe.

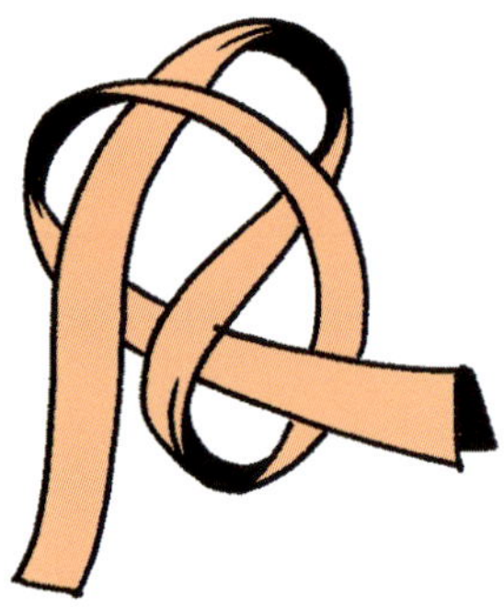

2 Stecken Sie Daumen und Zeigefinger von unten durch die Schlaufe und ziehen Sie das längere Ende etwa 3 bis 4 cm durch.

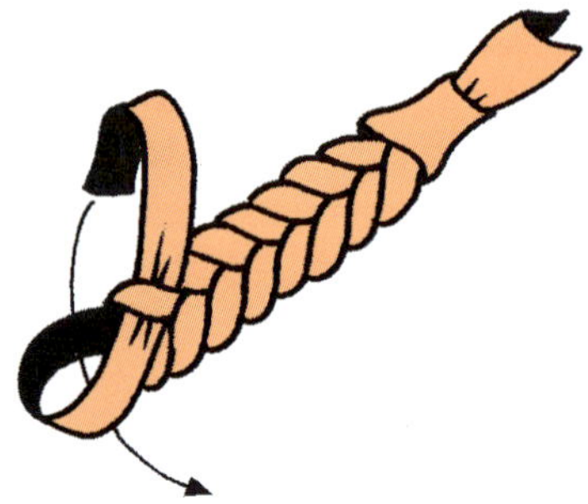

3 Häklerinnen wissen, was jetzt geschieht: Es bildet sich eine neue Schlinge. Durch diese ziehen Sie das lange Ende und bilden damit eine neue Schlinge von etwa 3 bis 4 cm. Arbeiten Sie in dieser Art weiter, bis das Band verbraucht ist. Beenden Sie das Häkeln, indem Sie das Ende – ohne eine Schlinge zu bilden – durch die letzte Schlinge ziehen.

4 Verknoten Sie das Band im Nacken. Wenn Sie das Band lang genug machen, können Sie es auch als Gürtel tragen.

Beffchen

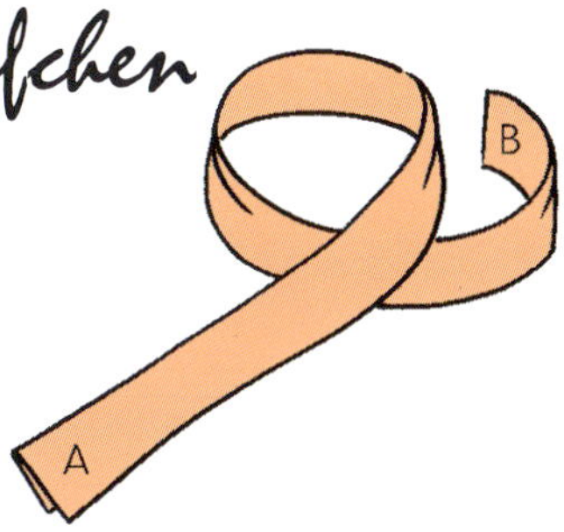

1 Legen Sie sich einen Schal AB 30 x 140 cm Länge von hinten nach vorn um den Hals und überkreuzen Sie beide Schalenden unter dem Kinn.

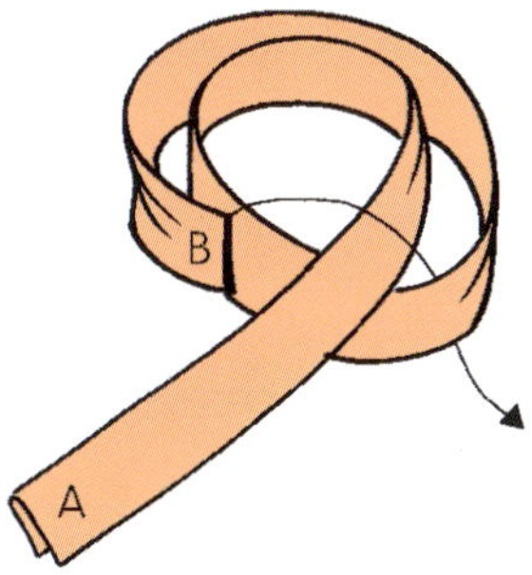

2 Das Ende B führen Sie zum Nacken und wieder nach vorn.

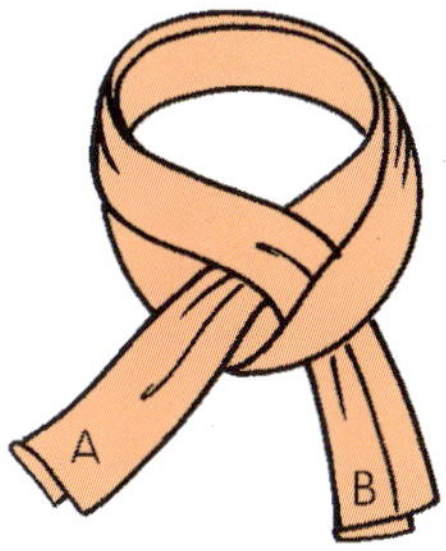

3 Das Ende B über das Ende A durch die Schlinge ziehen.

Beffchen, als Amtstracht z. B. von Geistlichen getragen. So genau ist es hier nicht genommen. Aber diese Technik, einen Schal chic um den Hals zu schlingen, ist auch für Männer bestens geeignet. Hier ist es ein bunter wärmender »Ausschnittsfüller«. ▶

College-Krawatte

1 Einen Schal beliebiger Länge falten Sie zu einem Band. In ein Ende schlagen Sie einen lockeren Knoten – etwa ein Drittel der Länge.

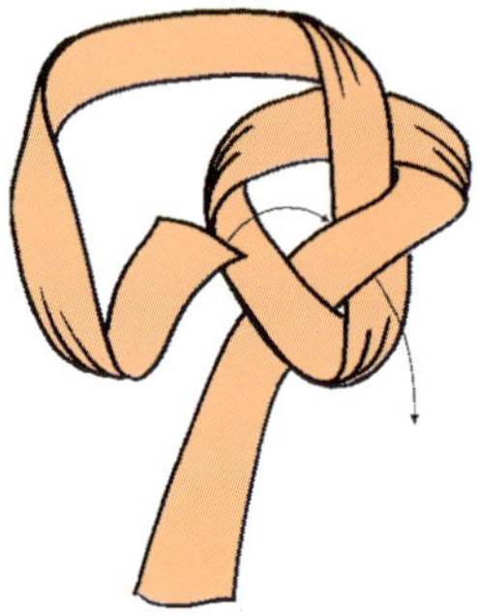

2 Das andere Schalende wird nun durch diesen Knoten gezogen.

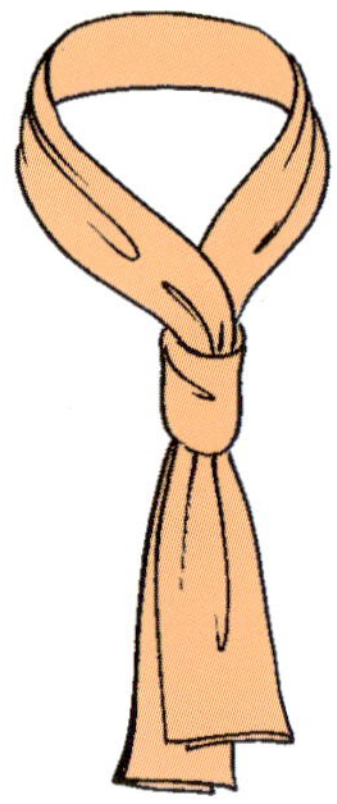

3 Wenn Sie an diesem Ende etwas zupfen, können Sie die Länge regulieren.

Eine der vielen Krawattenvarianten mit der man einen Schal binden kann. Je tiefer der Knoten sitzt, um so lässiger sieht er aus. Einen flotten Eindruck macht er in einem Blusenausschnitt, wo er eng am Hals getragen wird.

Krawatte Coco

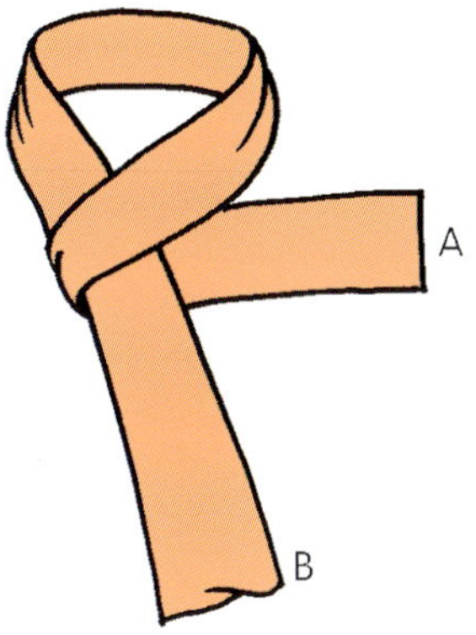

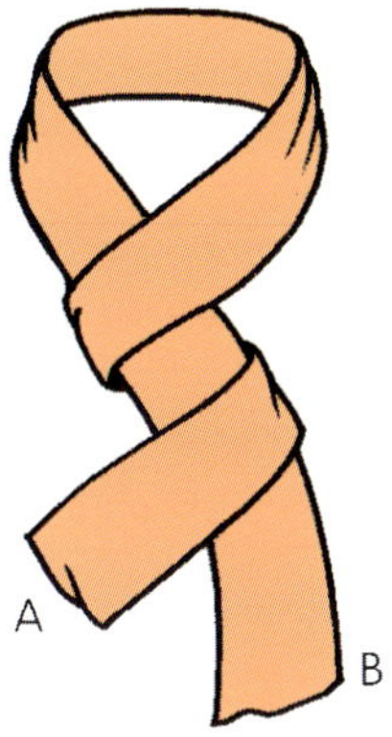

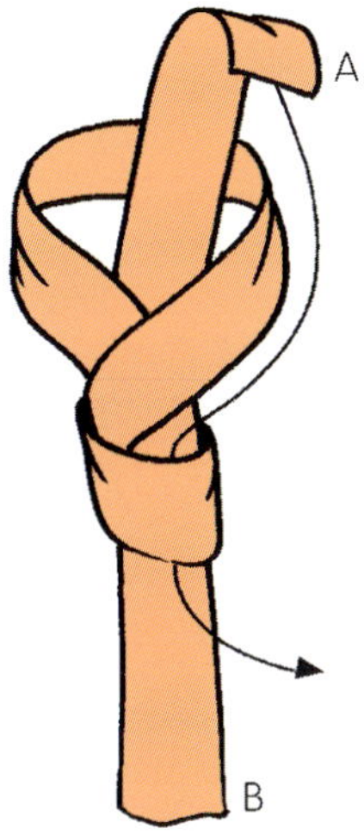

1 Legen Sie einen Schal von etwa 200 cm um den Hals und überkreuzen Sie ihn auf der Brust. Das Ende A um das Ende B führen.

2 Das Ende A um das Ende B legen.

3 Das Ende A durch die Halsschlaufe ziehen und durch den von Ende A selbstgebildeten Ring stecken.

4 Festziehen und den Knoten durch Schieben in die gewünschte Position bringen.

Der klassische Krawattenknoten für Männer läßt sich auch als Idee für Tücher und Schals verwenden. Wenn Sie ein Tuch verwenden, müssen Sie es als erstes nach Schema E falten. Das Tuch sollte in diesem Fall großzügig bemessen sein, etwa 140 x 140 cm. Coco Chanel hat diese Krawatte für die Frauenmode angeregt. In dem Film »Tod auf dem Nil« schmückte sich eine Darstellerin damit.

Biedermeier

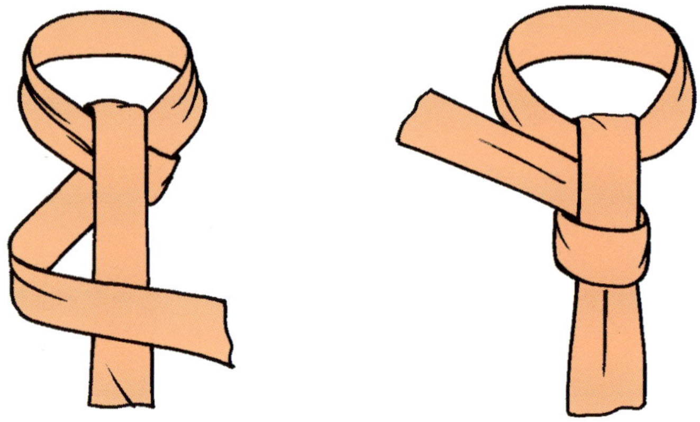

1 Einen Schal von mindestens 200 cm der Länge nach etwas schmaler falten. Legen Sie sich den Schal um den Hals und lassen Sie dabei ein Ende etwas länger. Machen Sie nun den halben Knoten. Jetzt nehmen Sie das längere Ende und legen es über das obere Ende ...

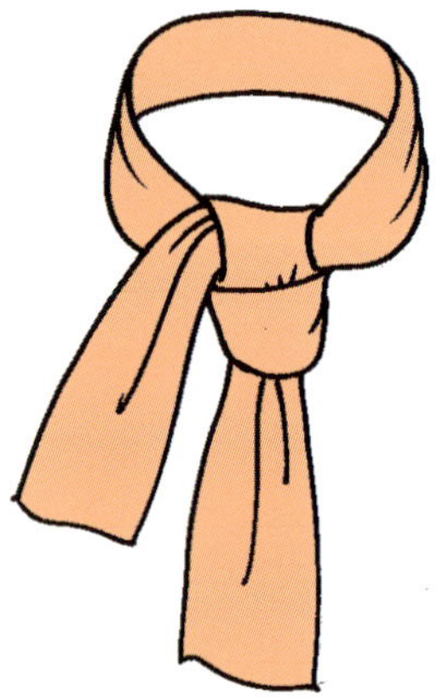

2 ... und ziehen es dahinter durch die so entstandene Schlaufe.

Dies ist eine witzige Methode, wenn Sie nicht auf Akkuratesse wertlegen. Rustikale Wollschals erhalten dadurch einen dicken Knoten, was für sportliche Aktivitäten bei kühlem Wetter geradezu ideal ist. Auch für Männer chic.

Krawatte Overpull

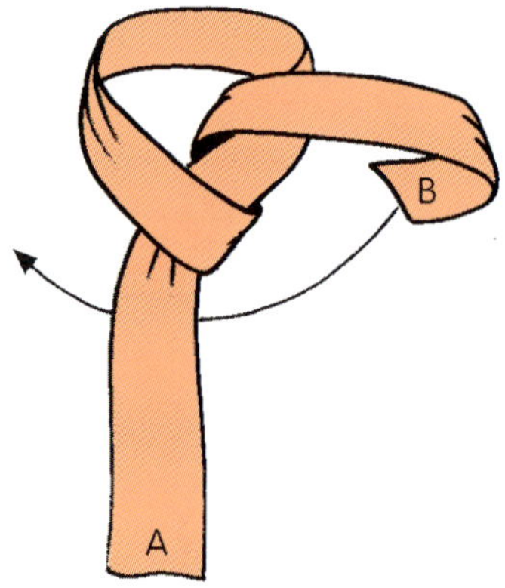

1 Ein Schal von beliebiger Länge wird schmaler gefaltet um den Hals gelegt und vorn überkreuzt. Das Ende B von unten durch die Halsschlinge führen und das Ende B hinter dem Ende A vorbeiführen.

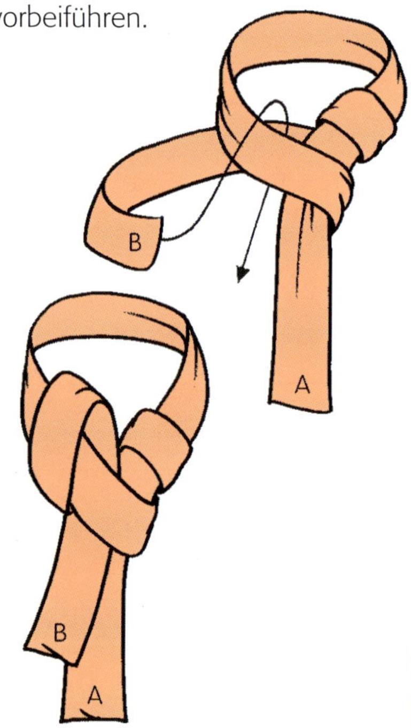

2/3 Das Ende B von oben durch den sich selbst gebildeten Knotenring stecken und nach unten ziehen.

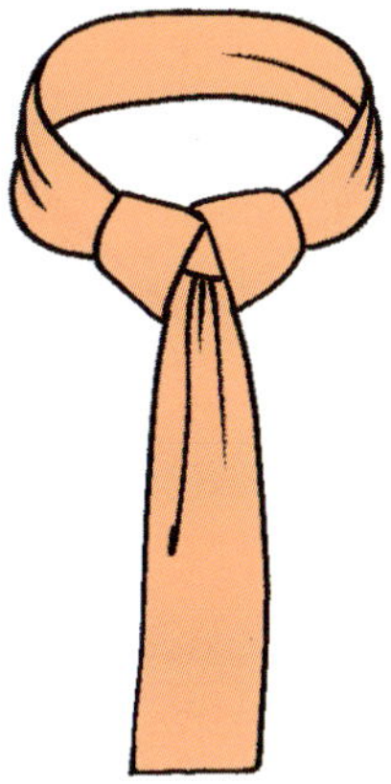

4 Wichtig: Zupfen Sie den Knoten akkurat zurecht.

Ein Schal auf diese Weise geknotet ist ebensogut zu tragen, wenn er enger am Hals liegt und eine Hemdbluse als Krawatte schmückt. Tip für Männer: Tragen Sie einen schmalen Schal in dieser Form als Krawatte über dem Pullover – ein Ausdruck von Individualität. Tip für Frauen: Die gleiche Technik können Sie auch als Gürtel knoten. ▶

Erntefest

Diese traditionelle Knotentechnik ist sowohl mit einem Schal als auch mit einem Dreieckstuch machbar. Die Schrittfolge ist bei allen gleich, nur das Ergebnis sieht jeweils anders aus. Zum besseren Verständnis ist die Bildfolge an einem Schal gezeigt, die Beschreibung und das Ergebnis sind auf das Tuch zugeschnitten.

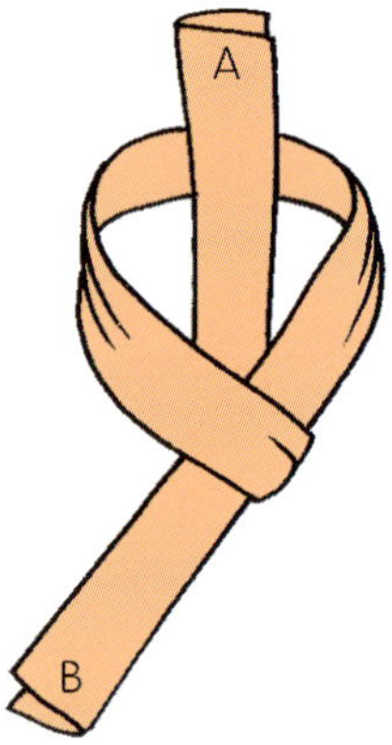

1 Falten Sie ein Tuch zu einem Dreieck. Es kann ein Tuch von 70 x 70 cm sein, größere Maße sind für diese Technik ebenso geeignet. Legen Sie das Ende A um das Ende B, so daß eine Schlaufe entsteht. Ende A hängt herab.

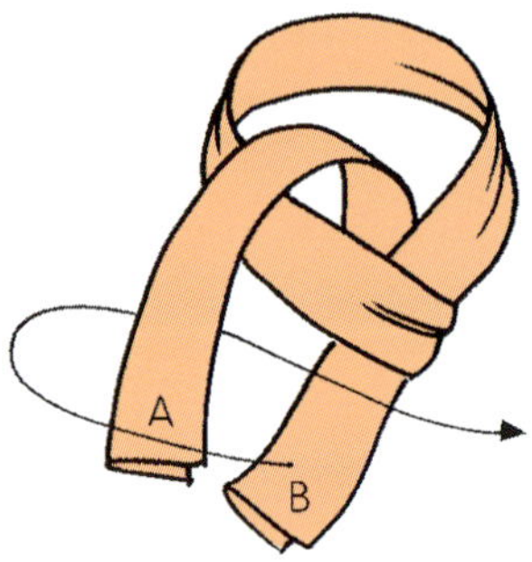

2 Das unten liegende Ende B quer über das Ende A legen.

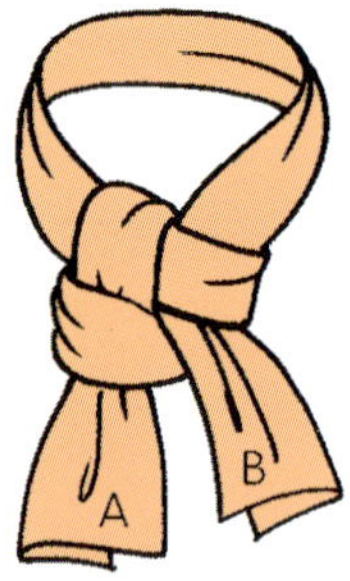

3 Von außen das Ende A durch den so entstandenen Ring ziehen.

Wenn Sie ein Tuch locker und luftig am Hals tragen möchten, ist dieser dekorative Knoten ideal. Er sitzt in den Zipfeln des Tuches, löst sich nicht und ist für viele Tuchmaße geeignet. Gut wärmend ist ein langer Schal in Wolle, dessen Knoten dicht am Hals getragen wird. Das ist auch ein Tip für Männer, einen Schal so geknotet zum Sweatshirt oder Mantel zu tragen.

Romantica

Das ist eine klassische Art ein Tuch zu tragen, wie sie vielfach auch bei Trachtenmoden in verschiedenen Kulturen gang und gäbe war und ist. Je nach Tradition, Lust und Laune wird der Knoten vorne, hinten oder auf der Schulter getragen.

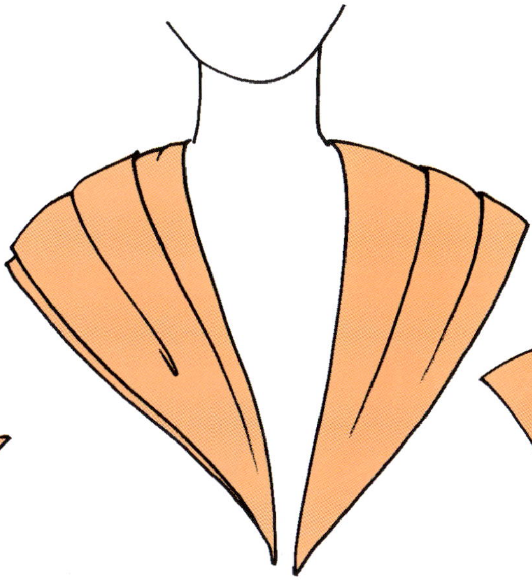

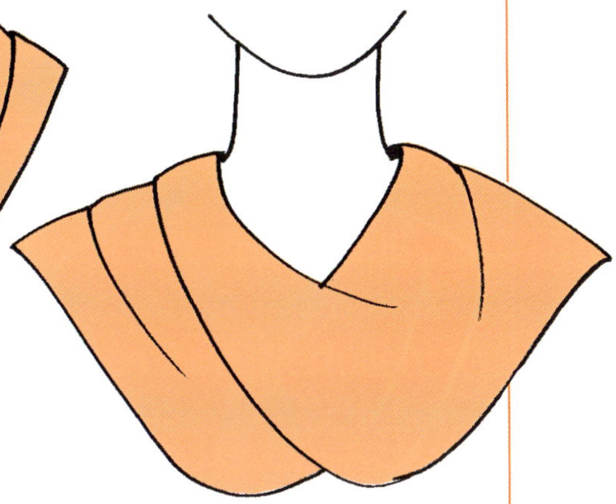

1 Falten Sie ein Tuch von 90 x 90 cm zu einem Rechteck. Falten Sie das Tuch jetzt diagonal, so daß sich zwei übereinanderliegende Dreiecke bilden (wie bei »Turnier« Seite 32).

2 Fassen Sie das Tuch an der Faltkante und legen es zum Binden um den Nacken.

3 Verbinden Sie die Zipfel mit einem Knoten. Drapieren Sie jetzt das Tuch auf der Schulter nach Ihrer Vorstellung.

Tragevarianten

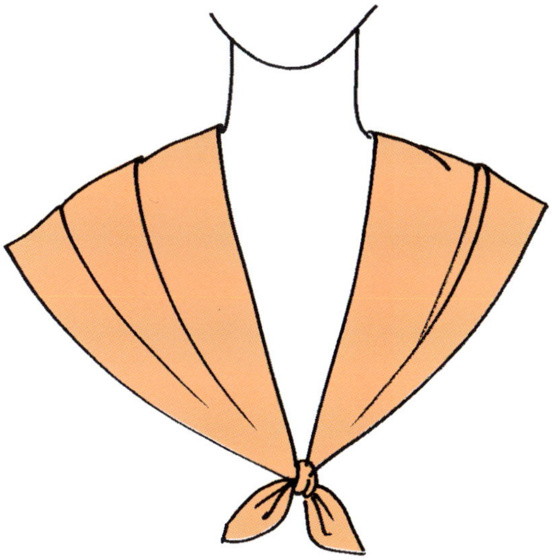

Diva

Je dekorativer das Tuch, um so wirkungsvoller ist die Rückenansicht dieser schnellen Bindetechnik.

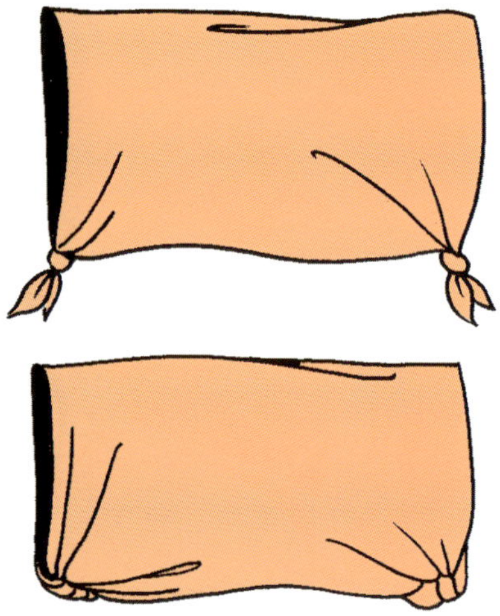

1 Ein Tuch von 120 x 120 cm in der Mitte falten, so daß die rechte Seite innen liegt. Die Ecken der offenen Seite knoten Sie nun zusammen. Dann wenden Sie das Tuch, so daß die Knoten innen liegen.

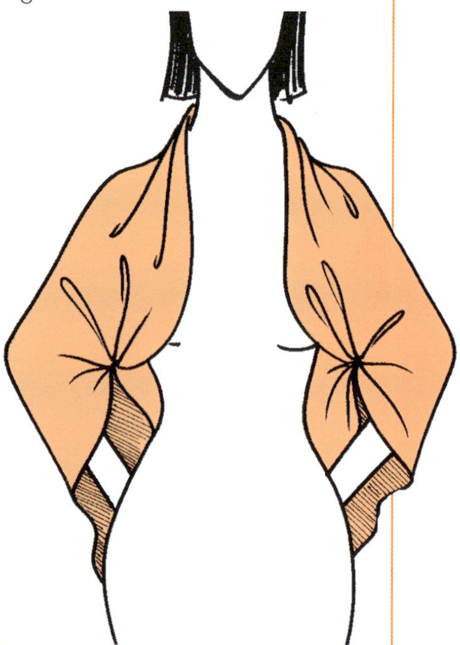

2 Legen Sie das Tuch wie eine Jacke über die Schulter und schlüpfen mit den Armen durch die beiden Öffnungen. Die Knoten liegen unterhalb der Achseln.

Dieses kinderleicht geknüpfte Crêpe de Chine-Tuch ist ein raffiniertes Accessoire zu schlichten Kleidern. Es läßt sich auch aus einem kleineren Tuch von 90 x 90 cm herstellen. Mit dieser Idee werden Sie die Blicke auf sich ziehen und auch eine leichte, wärmende Hülle für ein schulterfreies Kleid haben.

Carmen

Mit wenigen Griffen haben Sie aus Ihrem Lieblingstuch ein anderes Modell geknotet. Es gehört gar nicht so viel Geschick dazu, eine neue Variante zu kreieren. Dies ist der Klassiker aller Bindetechniken für Schultertücher und betont feminin.

Verwenden Sie hierfür ein qualitativ hochwertiges Material und groß bemessen 120 x 120 cm oder besser 140 x 140 cm. Das Tuch wird zum Dreieck gefaltet, über die Schulter gelegt und vorne mit dem ganzen Knoten zusammengehalten.

Gleichgültig welcher Anlaß, die Illustrationen lassen die Vielfalt der Tragemöglichkeiten erahnen.

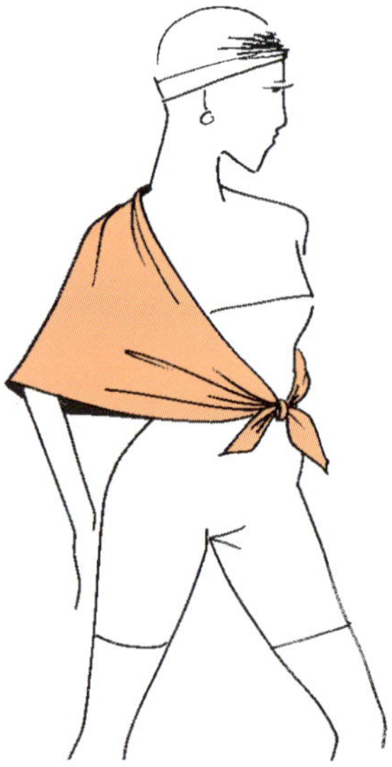

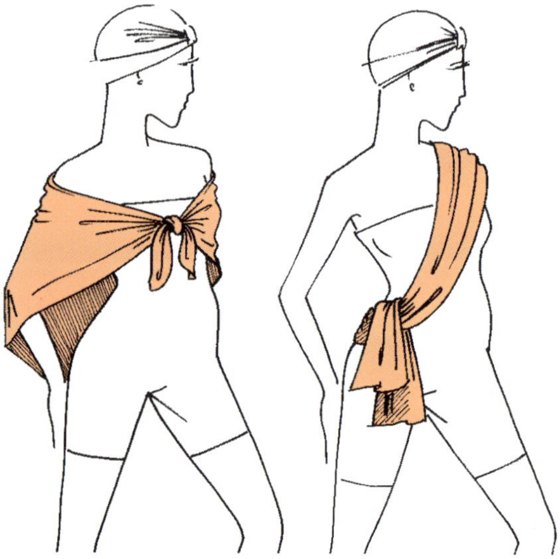

Acapulco

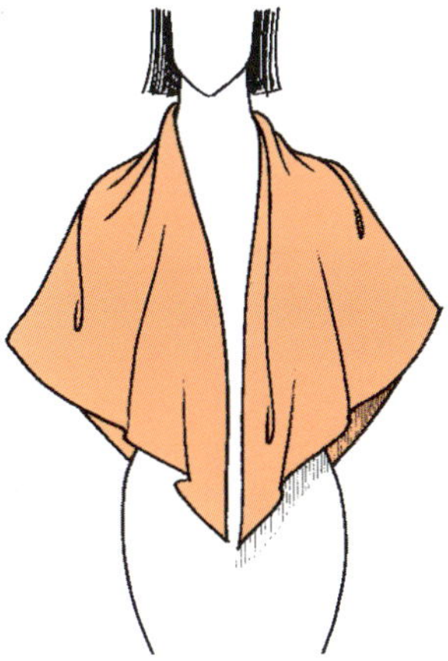

1 Für dieses Modell benötigen Sie ein Tuch von mindestens 120 x 120 cm.

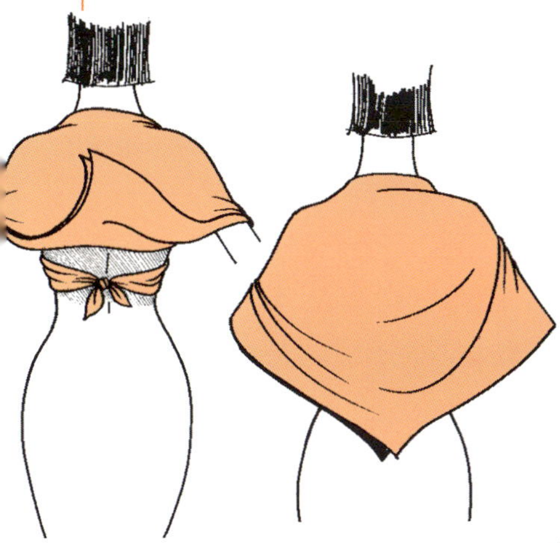

2 Falten Sie es zum Dreieck und legen Sie es sich von hinten über die Schulter.

3 Führen Sie die vorderen Zipfel unter die Arme, dann nach hinten. Auf dem Rücken mit dem ganzen Knoten verbinden.

Diese Art, ein auffallendes Schultertuch zu tragen, ist überzeugend.

Nur ein einziger Knoten bringt es zum Halten und verhindert das lästige Verrutschen.

Um die Taille und Hüfte geschlungen

Manchmal erreicht man mit Einfachheit eine besondere Wirkung. Ihr Lieblingstuch um die Hüfte geschlungen, den Knoten vorne oder seitlich getragen, damit werten Sie ein schlichtes Kleid auf, ohne sich einer bestimmten Mode zu unterwerfen.

Glänzen Sie mit Ihren Ideen, binden Sie sich schnell einen Knoten und schon sind Sie flott für den Abend!

Djerba

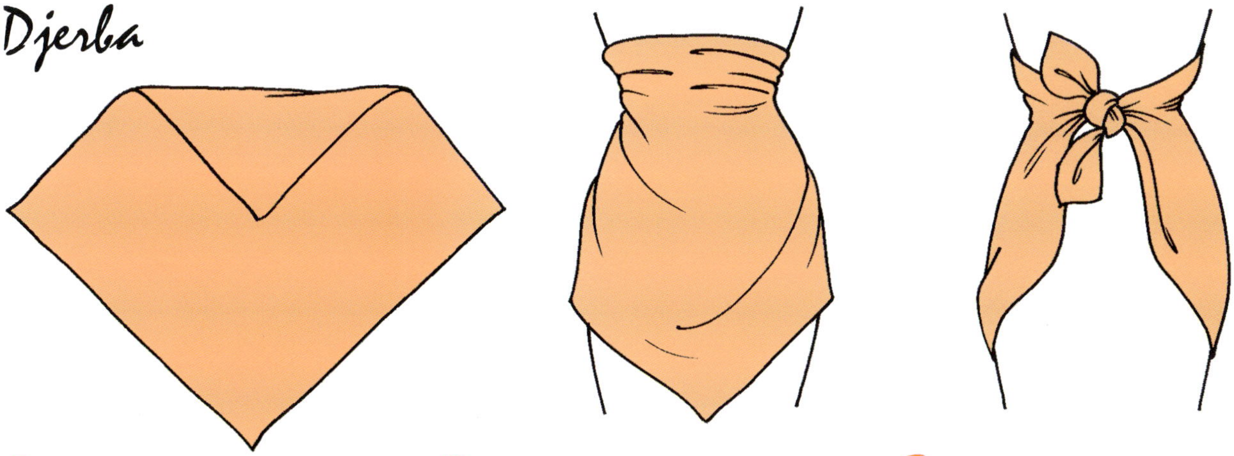

1 Ein Tuch von etwa 120 x 120 cm so umschlagen wie im Bild.

2 Das Tuch mit der Spitze nach vorn um die Taille legen.

3 Die beiden Zipfel im Rücken verknoten.

Einfach zu wickeln, doch von augenfälliger Wirkung. Ein schmales Kleid bekommt eine besondere Note, wenn Sie es so ergänzen. Das ist eine einfache und ideale Bindeform, um ein selbstbemaltes Tuch zu zeigen.

Djibouti

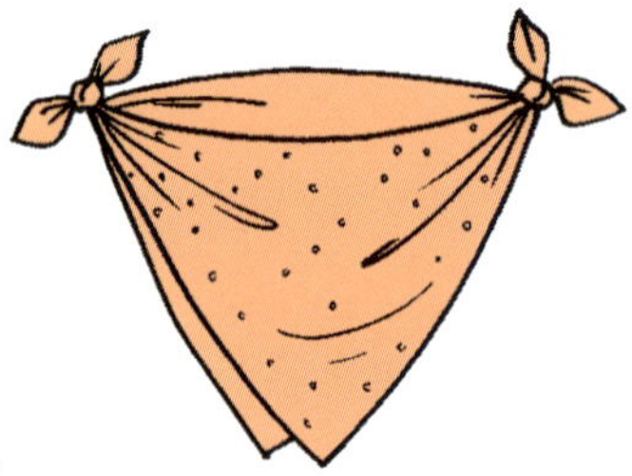

1 Falten Sie zwei Tücher zu einem Dreieck. Es können die Maße 70 x 70 cm oder 90 x 90 cm sein.

2 Legen Sie die Tücher aufeinander und verknoten Sie zunächst zwei Zipfel der einen Seite miteinander.

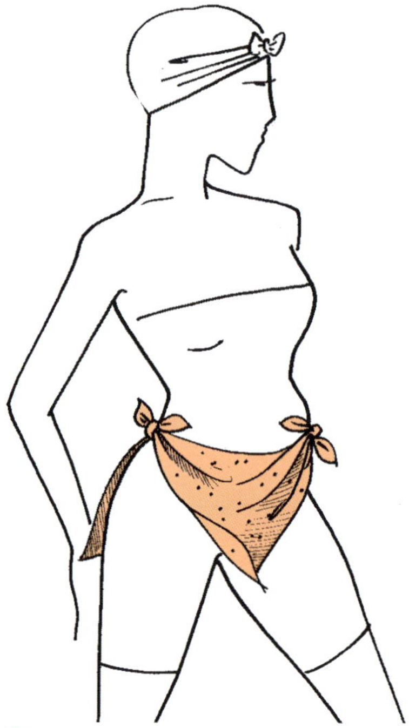

3 Legen Sie die Tücher mit diesem Knoten auf einer Hüftseite an. Führen Sie ein Tuch nach hinten und das andere nach vorne um die Hüfte. Dort verbinden Sie beide Tücher ebenfalls mit dem ganzen Knoten.

Ungleiche Zwillinge

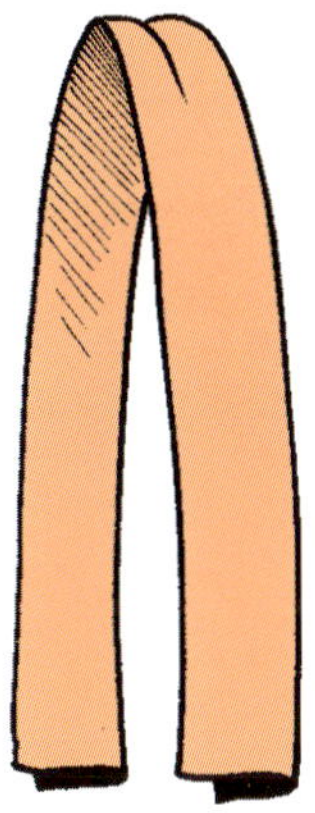

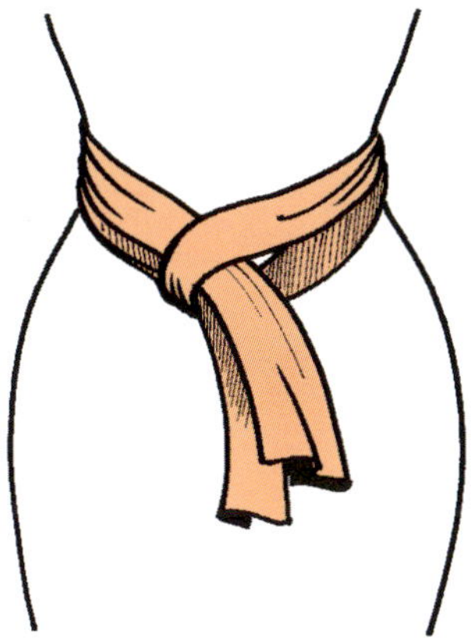

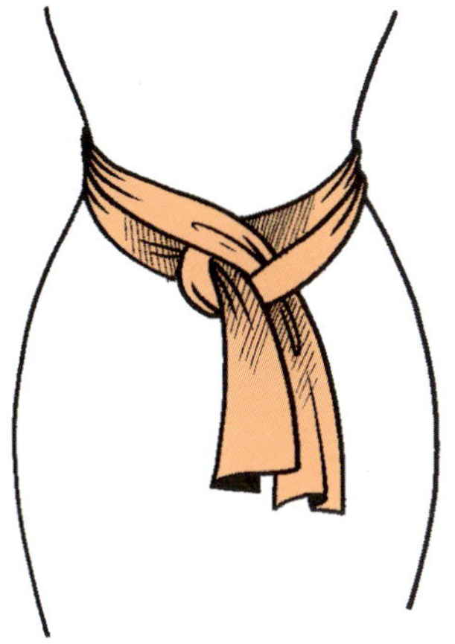

1 Einen Schal von 240 cm Länge schmal zusammenlegen. Falten Sie ihn auf halbe Länge.

2 Legen Sie den Schal um die Taille und ziehen Sie die beiden Enden durch die Schlaufe.

3 Eine Variante: Ziehen Sie die zwei Enden gegengleich durch die Schlaufe.

Schnell und lässig! Die Schärpe aus Seide hat ein großzügiges Maß: 90 x 240 cm. Die Länge muß stimmen, doch schmaler kann sie sein. Probieren Sie auch andere Materialien aus. Übrigens: Diese Bindetechnik finden Sie auch als Halstuch auf Seite 42/43.

Budapest

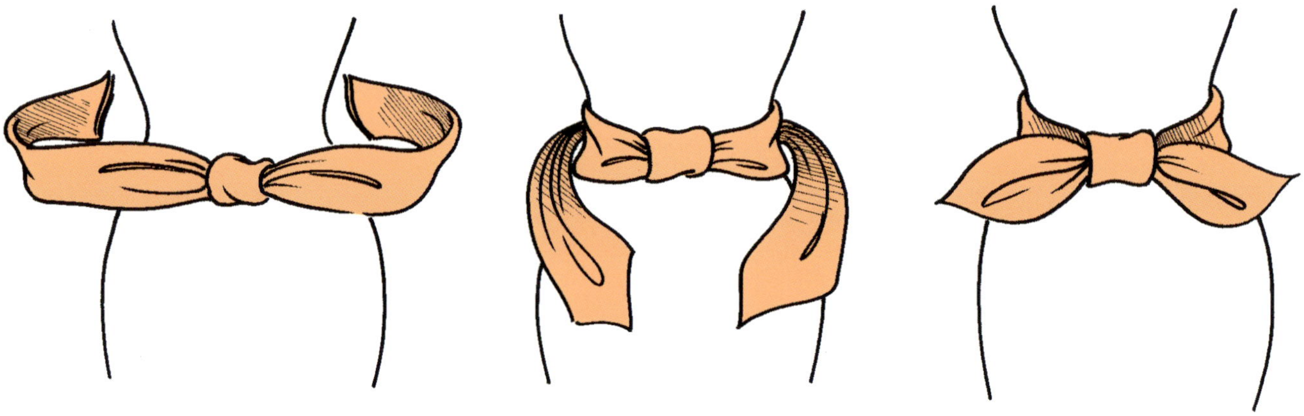

1 Für diesen Gürtel wird ein Schal, der mit 240 cm großzügig bemessen sein muß, der Länge nach schmaler zusammengefaltet.

2 Machen Sie einen ganz lockeren Knoten in die Mitte des Tuches, der vorn an der Taille angelegt wird.

3 Kreuzen Sie die Schalenden am Rücken, ziehen die Enden wieder nach vorn und stecken sie nach jeder Seite durch den lockeren Knoten. Festziehen.

Paprika

Diese Bindeform weist zwar eine Ähnlichkeit mit »Budapest« auf. Der Schal ist aber wesentlich kürzer und wird etwas anders gebunden.

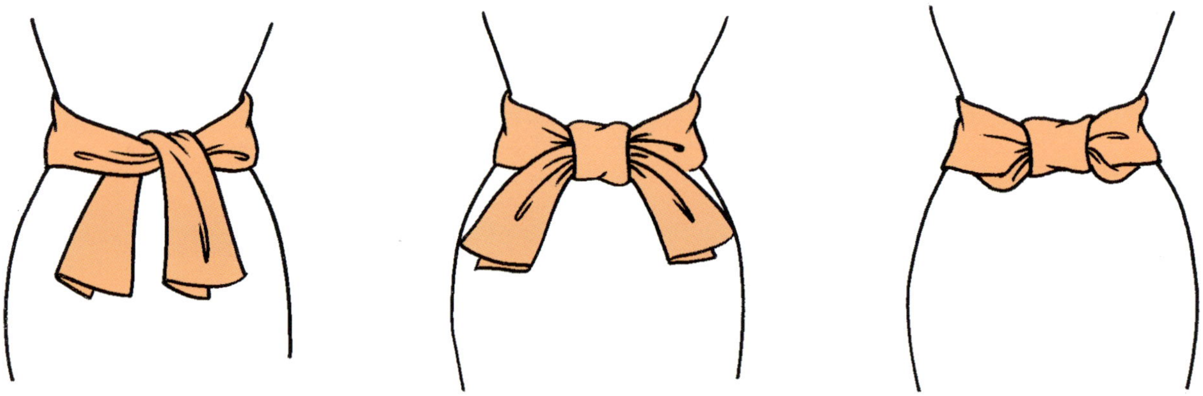

1 Einen Schal von etwa 180 cm Länge schmal zusammenlegen, von hinten nach vorne um die Taille legen.

2 Die Schalenden vorne mit dem ganzen Knoten verbinden.

3 Die Schalenden unter dem Gürtel verstecken. Den Knoten dekorativ auseinanderzupfen.

Einfach, aber effektvoll. Eine schmale Taille wird durch die Schärpe zusätzlich betont.

Cangaceiro I

1 Die Mitte eines Schals von 220 cm Länge wird am Nacken angelegt und die Schalenden nach vorne geholt. Auf der Brust locker überkreuzen und die Enden zum Rücken führen.

2 Ein halber Knoten genügt zum Festhalten, wenn die Enden lange genug herabhängen.

Eine weich fließende Seide ist wichtig für dieses Modell. Es wirkt festlich elegant und ist leicht zu wickeln. Nicht nur die Vorderseite, auch die Rückenpartie wird attraktiv betont.

Variante
Ist Ihr Schal lang genug, können Sie ihn über der Brust mit einem halben Knoten elegant schlingen.

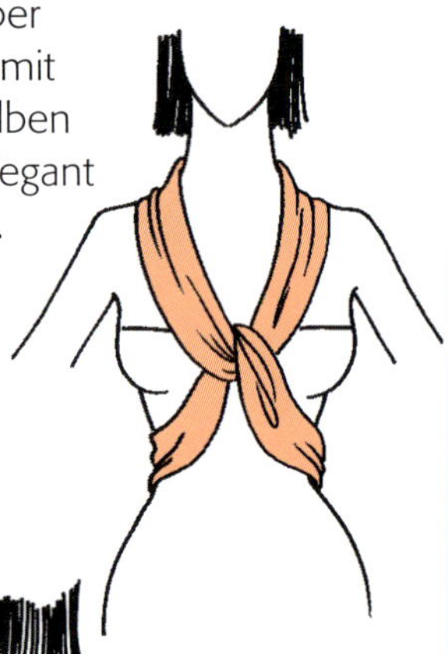

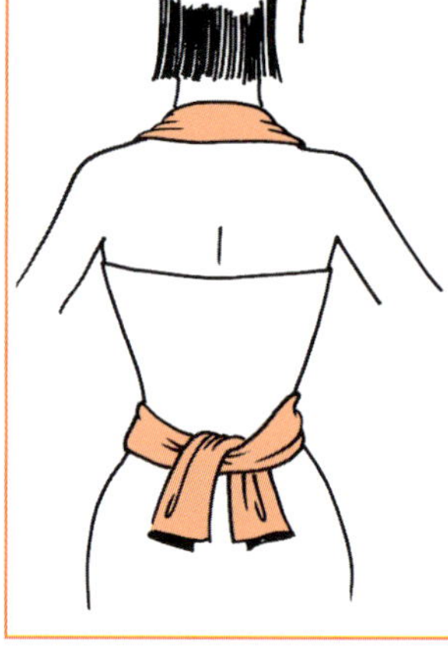

Cangaceiro II

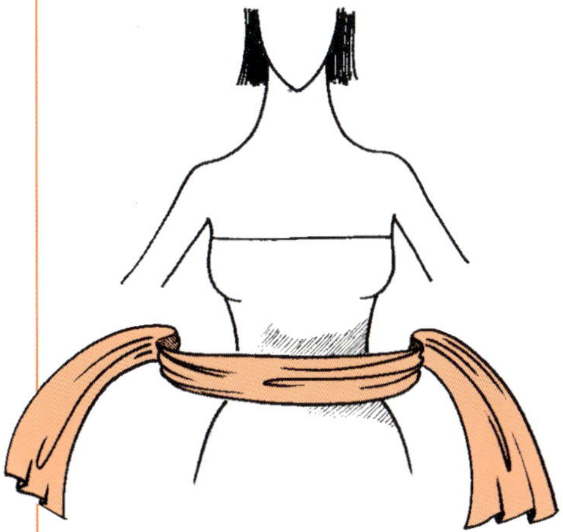

1 Eine Chiffon-Bahn von 4 m Länge schmal zusammenfalten. Legen Sie die Mitte der Bahn vorne auf die Hüften an. Führen Sie die Enden nach hinten.

2 Im Rücken überkreuzen und wieder nach vorne holen.

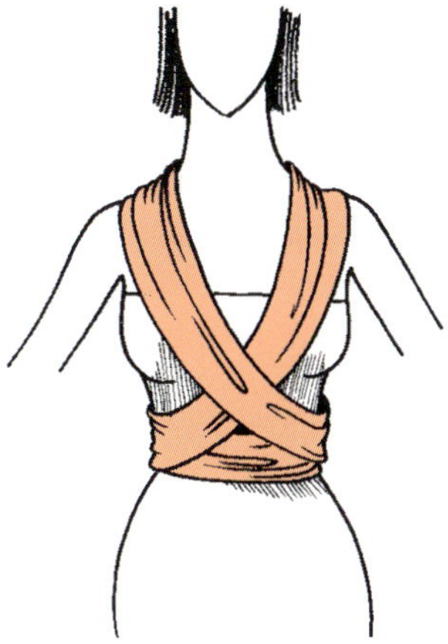

3 Nun die beiden Schalenden nach oben ziehen und über der Brust kreuzen.

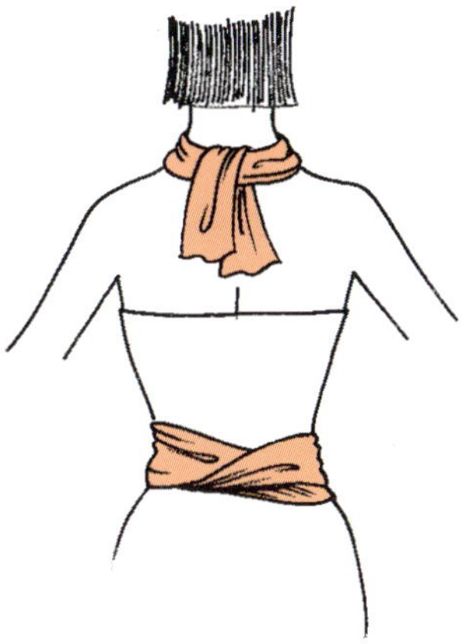

4 Der Schal wird im Nacken mit einem halben Knoten lockergehalten.

Hier sorgt ein weicher Chiffon für eine schmeichelnde Linienführung des Wickeltuches. Chiffon gibt es als Meterware in herrlichen Farben. Für diese Wickeltechnik sind ganz besonders selbstgefärbte Tücher ideal, die zu bestimmten Kleidern passen.

Um die Brust gewickelt

Wie die extravagante Kreation eines Couturiers schaut dieses Wickeltop aus. Es bedarf jedoch keines schwierigen Zuschnitts und langwieriger Näharbeit. Es reicht der richtige Dreh, ein einziger geschickter Knoten an der richtigen Stelle. Gekonnte Unkompliziertheit ist hier ein Zeichen von Raffinesse.

Mit einem weich fallenden, geschmeidigen Material wie Seide haben Sie für ein elegantes Auftreten die richtige Wahl getroffen.

Kopenhagen

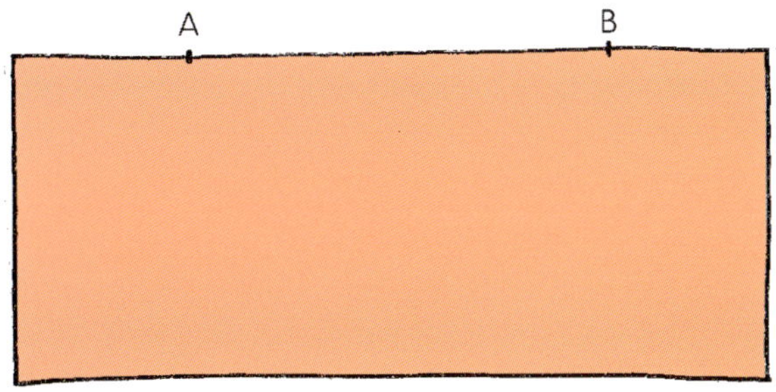

1 Nehmen Sie ein Tuch von 90 x 180 cm aus einem weichen Material und drehen Sie in die Oberkante des Tuches zwei Zipfel in einem ähnlichen Abstand wie im Bild.

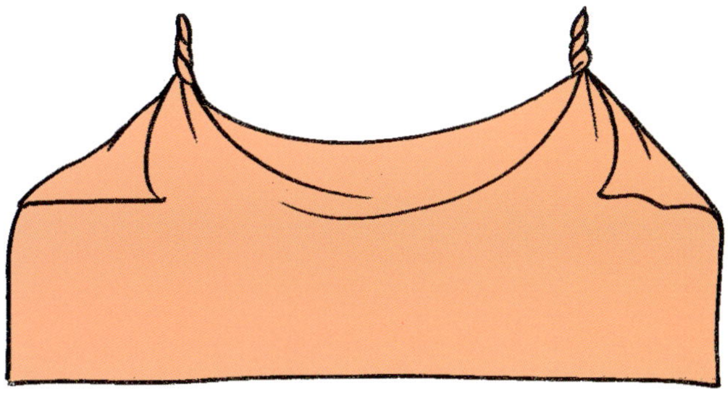

2 Nehmen Sie das Tuch an den Zipfeln hoch und führen Sie es vom Rücken unter den Achseln nach vorne zum Nacken. Dort verbinden Sie die Zipfel mit dem ganzen Knoten. Die freien Enden des Tuches fallen locker über die Brust. Offen über ein schlichtes Kleid oder ein Top getragen, wird dieses Tuch zu einem wirkungsvollen Accessoire, das Ihren modischen Anspruch unterstreicht.

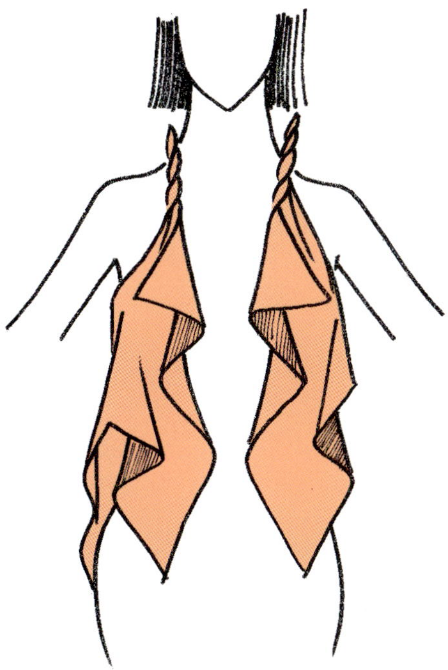

Als Variante kann das Tuch blusenartig in den Rockbund gesteckt werden, wie auf der vorherigen Seite.

Variante A
Das Top wurde aus plissierter Seide gewickelt, was einen völlig anderen Effekt ergibt. Die nach oben genommenen Spitzen wurden hier nicht miteinander verkreuzt wie bei den Zeichnungen, sondern zu einer straffen Kordel gedreht, gerade hoch zum Nacken geführt und dort mit einem Knoten befestigt.

Der passende Rock wurde nach dem Modell »Bali«, Schritt 1 und 2, auf Seite 95 gewickelt, allerdings etwas variiert: Das längere Rockteil wurde hier nicht in den Rockbund gesteckt. Durch die lose fallenden Kanten wird ein besonderer Effekt erzielt.

Beachparty

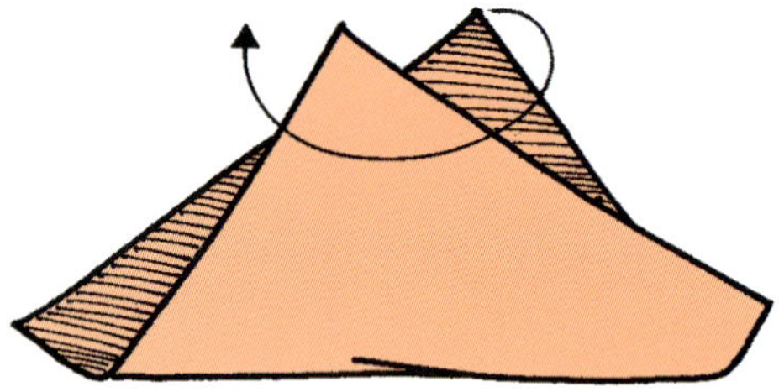

1 Ein Plisseetuch von 110 x 110 cm wird mit etwas versetzten Spitzen zu einem Dreieck gefaltet.

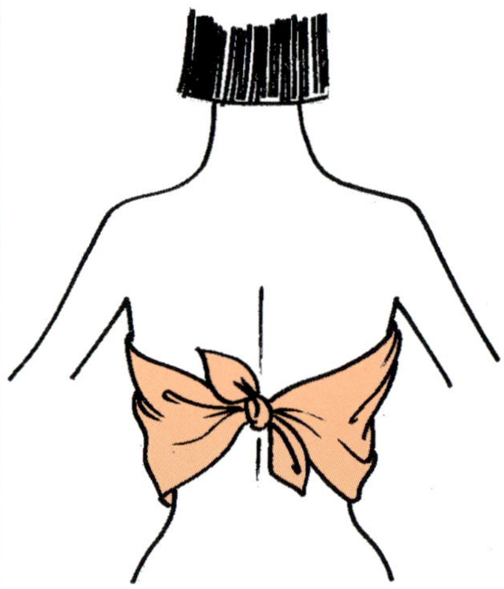

2 Legen Sie die Faltkante vorn in der Taille an, ziehen die langen Enden zum Rücken und verbinden sie mit dem ganzen Knoten.

3 Nehmen Sie mit jeder Hand eine der noch nach unten hängenden Spitzen des offenen Dreiecks, die sie nach oben über die Brust ziehen. Kreuzen Sie die Enden am Halsansatz. Im Nacken mit einem Knoten festhalten.

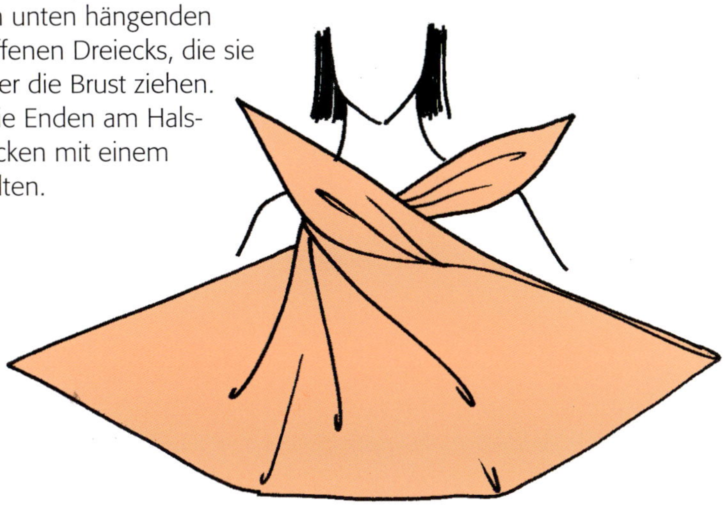

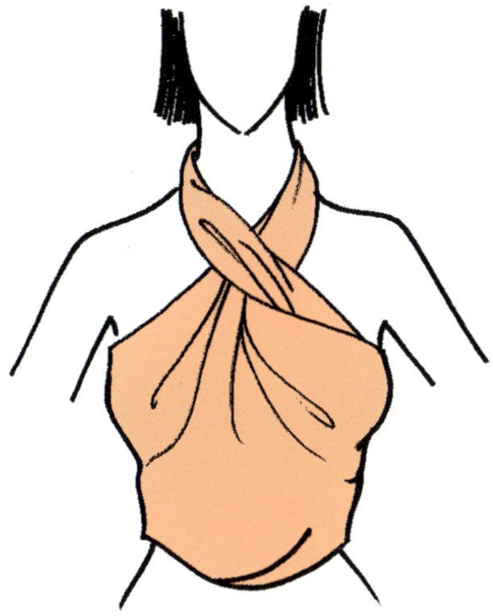

4 Vorderansicht der beschriebenen Version.

Kleine Ursache – große Wirkung. Nur lockerer gebunden als bei dem Foto auf der linken Seite, können Sie ein schönes Dekolleté zaubern.

Ein attraktiver Rücken – und das bei allen Varianten.

Viel Eleganz strahlt dieses Wickelmodell aus. Es ist rückenfrei und eine raffinierte Faltidee für den sommerlichen Urlaub. Es läßt sich aber auch als topmodische Abwandlung einer Bluse unter einer Jacke tragen.

Monaco

1 Legen Sie ein Tuch von 90 x 90 cm bis 120 x 120 cm (je nach Brustumfang) zu einem Dreieck.

2 Verknoten Sie die Zipfel der offenen Seite des Dreiecks im Nacken.

3 Auf dem Rücken nun die anderen beiden Zipfel verknoten.

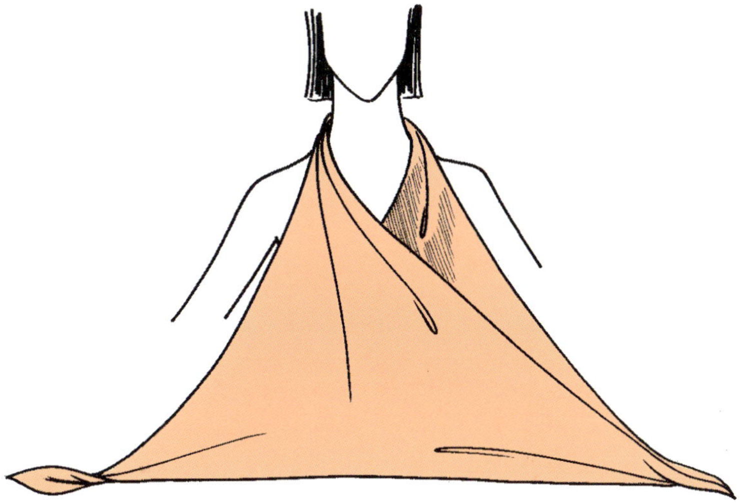

Biarritz

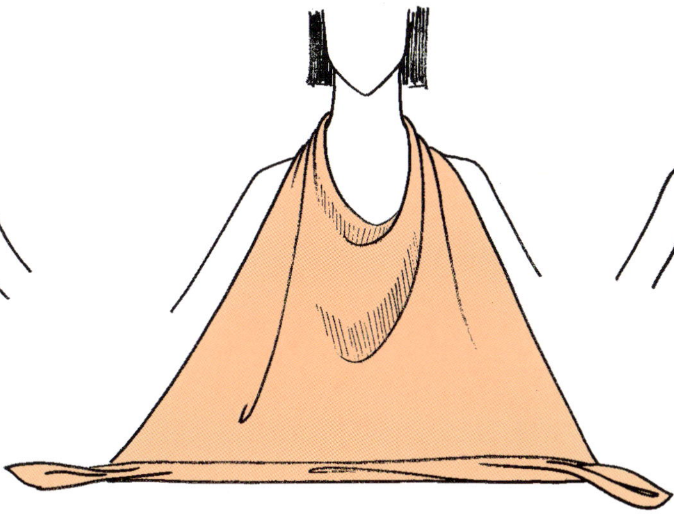

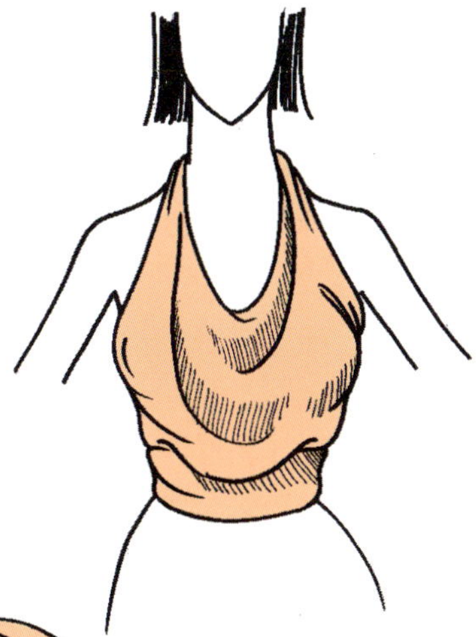

1 Legen Sie ein weich fallendes Tuch von 110 x 110 cm oder 120 x 120 cm glatt vor die Brust und verknoten Sie die beiden oberen Zipfel im Nacken.

2 Schlagen Sie die Unterkante des Tuches zu einem Band nach außen um. Die beiden Zipfel werden auf dem Rücken so verknotet, daß ein guter Sitz in der Taille entsteht. Das Oberteil fällt weich und blusig. Es ist nicht nur separat attraktiv, sondern auch – wie das Top »Dolce Vita« Seite 82 – eine ideale Ergänzung zu jeder Art von Jacken.

Dolce Vita

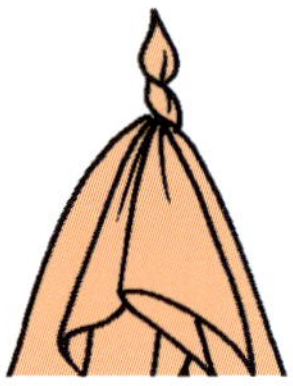

1 In ein Tuch von 110 x 110 cm oder 120 x 120 cm wird genau in der Mitte ein kleiner Zipfelknoten gemacht (siehe auch Tuch »Botschafterin I« Seite 36).

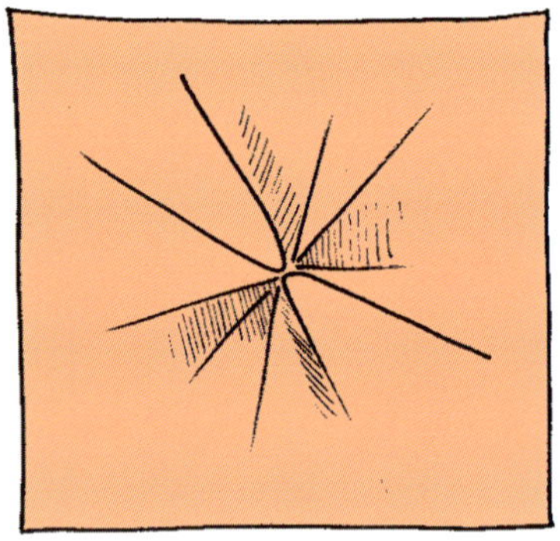

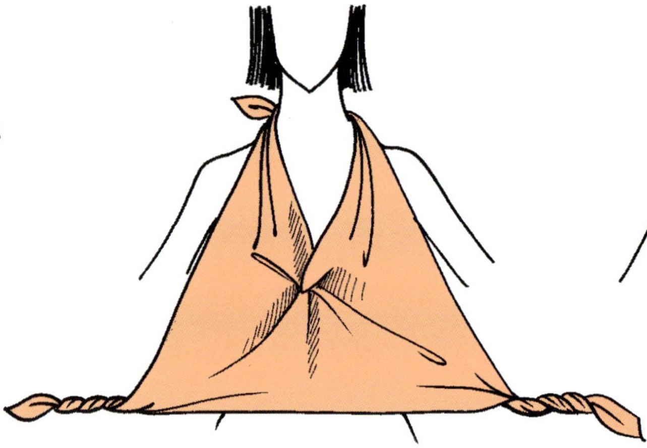

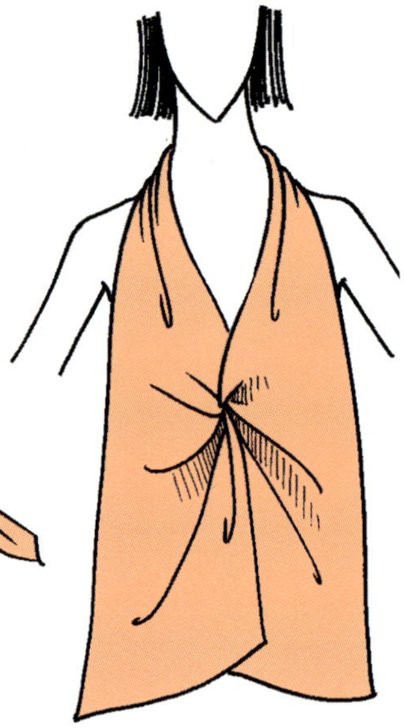

2 Öffnen Sie das Tuch wieder, legen es mit dem Knoten nach innen vor die Brust und verknoten zwei nebeneinanderliegende Enden im Nacken.

3 Jetzt werden die beiden unteren Zipfel zu einer Kordel gedreht, zum Rücken geführt und dort mit einem Knoten verbunden.

Florida

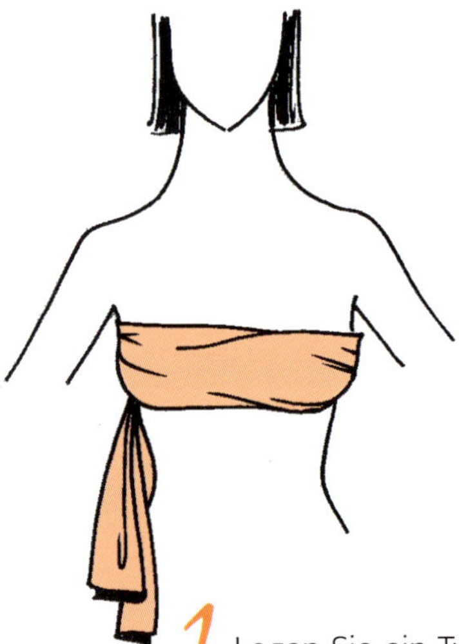

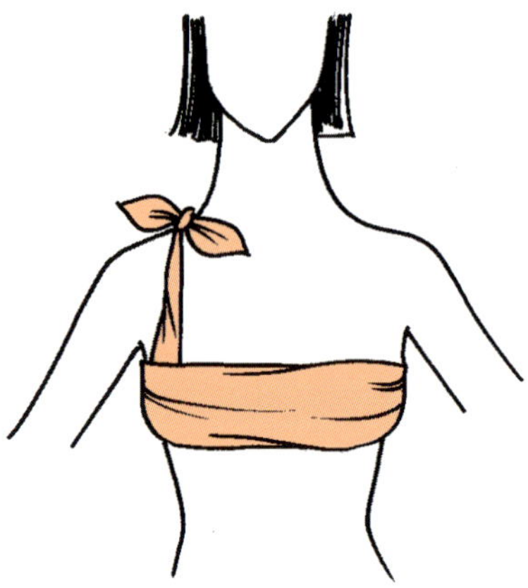

1 Legen Sie ein Tuch von 200 cm Länge in die gewünschte Breite.

2 Legen Sie sich das Tuch so um die Brust, daß sich die Enden unter einer Achsel befinden. Machen Sie dort einen Knoten, den Sie aber etwas zum Rücken schieben, damit er nicht stört. Es müssen noch ausreichend lange Enden freibleiben.

3 Ziehen Sie ein Ende von vorne und eines von hinten auf die Schulter, die dort miteinander verknotet werden.

Ein echtes Highlight für den Abend oder die Strandpromenade. Das Top hat eine aufregende Rückenansicht. Mit einem Blazer oder einer Jacke kombiniert, ist es eine elegante Bluse, tragbar auch im Beruf.

Vulcano

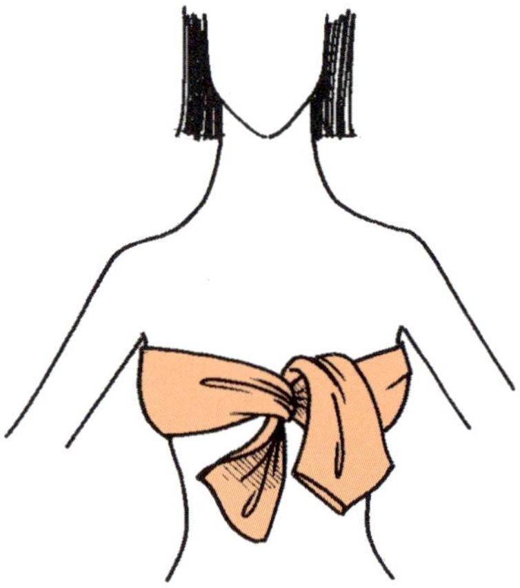

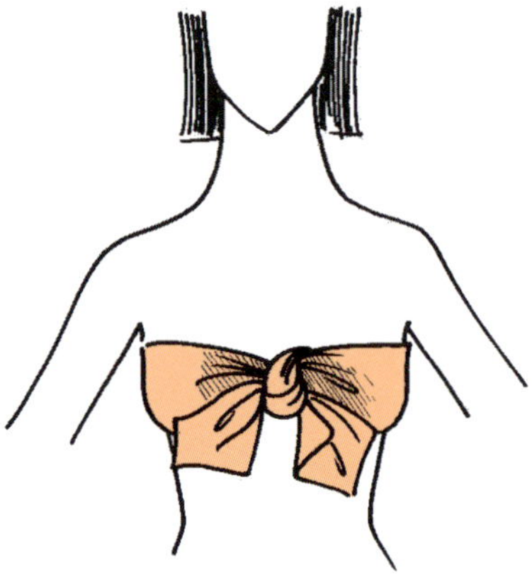

1 Falten Sie ein Tuch von 110 x 110 cm nach Schema E. Legen Sie die Mitte des Tuches am Rücken an und holen Sie die Seiten nach vorne.

2 Machen Sie vor der Brust einen Knoten und je nach Länge des Tuches auch eine Schleife. Zupfen Sie das Tuch nach Ihrem Geschmack in die gewünschte Breite.

Ein Tuch mit dieser einfachen Wickeltechnik wird zu einem Bikinioberteil. Es ist auch chic als Bustier z. B. zu einem Wickelrock zu kombinieren. So haben Sie schnell ein witzig-fröhliches Ferien-Outfit.

Westerland

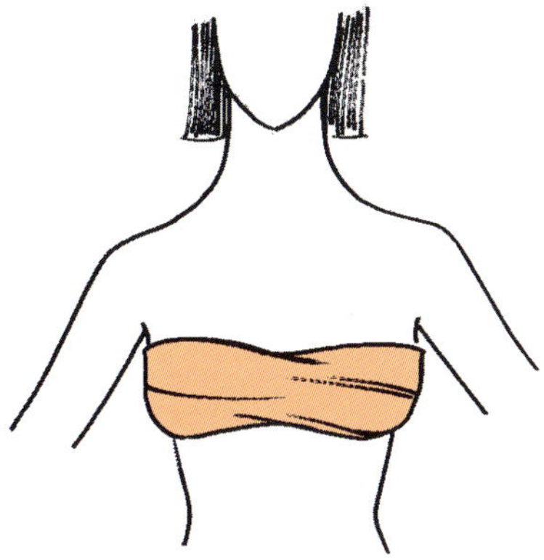

1 Für dieses Top benötigen Sie zwei Tücher in den Maßen 90 x 90 cm. Falten Sie eines nach Schema E.

2 Legen Sie sich das erste Tuch von vorne nach hinten um die Brust. Machen Sie im Rücken einen Knoten.

3 Das zweite Tuch schlagen Sie auf der Brustmitte unter das erste Tuch. Die Enden werden im Nacken verknotet. Das gibt einen absolut sicheren Halt.

Zwei einfache Bikini-Oberteile

Variante A

1 Falten Sie zwei Tücher von 90 x 90 cm nach Schema D. Verbinden Sie diese mit dem ganzen Knoten.

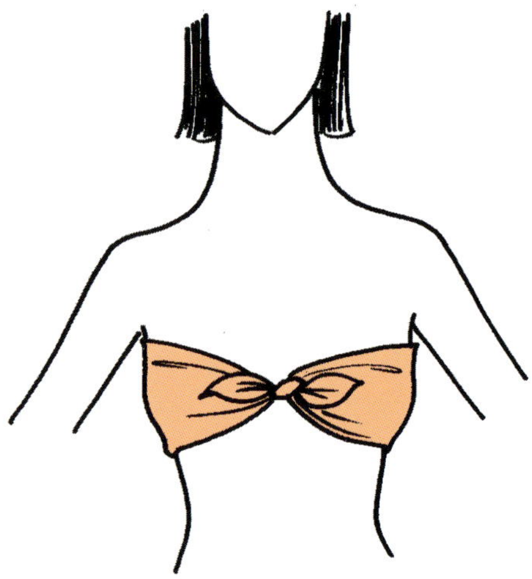

2 Legen Sie die Tücher über die Brust und verknoten Sie die Enden im Rücken. Zupfen Sie das Bustier in die gewünschte Breite.

Variante B

1 Falten Sie ein Tuch von mindestens 120 x 120 cm ebenfalls nach Schema D oder legen Sie einen Schal von 180 cm Länge in die gewünschte Breite.

Machen Sie in die Mitte einen straffen Knoten.

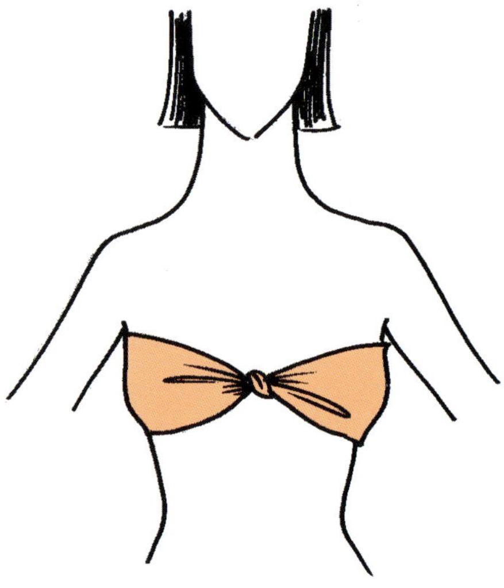

2 Legen Sie die Mitte auf der Brust an und verbinden Sie die Enden mit dem ganzen Knoten im Rücken.

Marbella

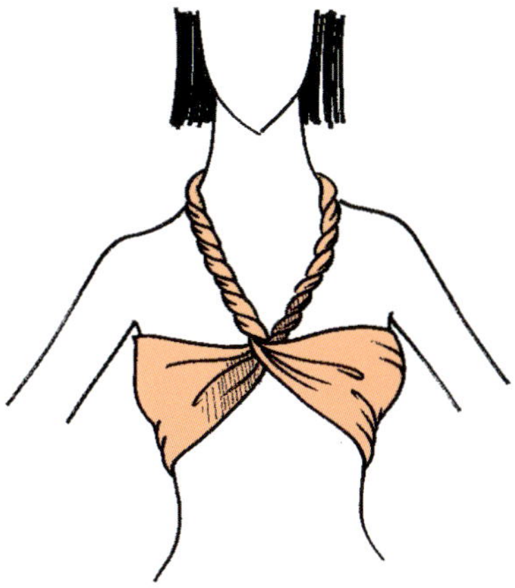

1 Einen Schal von 220 cm Länge in die gewünschte Breite falten und von hinten nach vorne über die Brust legen, dort überkreuzen oder mit einem Knoten Halt geben.

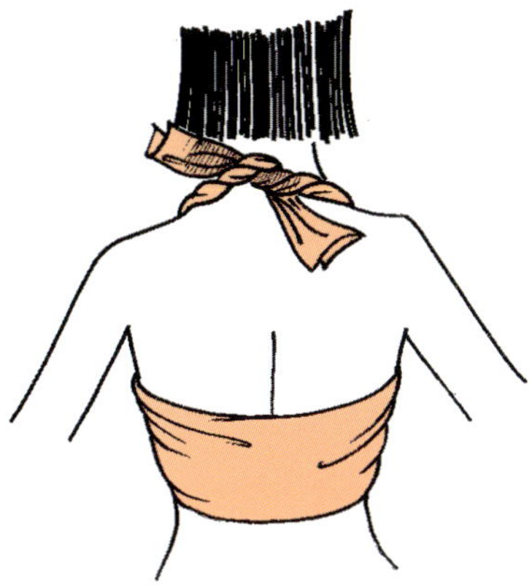

2 Die zu einer straffen Kordel gedrehten Enden ziehen Sie nach oben und verknoten sie im Nacken.

Für dieses schicke Sonnentop ▶ ist ein sehr geschmeidiges Material erforderlich. Hier ist es ganz elegant kombiniert mit einem Blazer. Bei einem Barbesuch im sonnigen Süden werden Sie damit für Furore sorgen.

Tonga

Das frech-fröhliche Bustier, gewickelt aus luftiger Seide oder leichter Baumwolle, ist ideal für heiße Tage am Strand. Die Frauen auf den Südsee-Inseln lieben diese Wickeltechnik. Sie tragen das Bustier zu kurzen oder langen Wickelröcken.

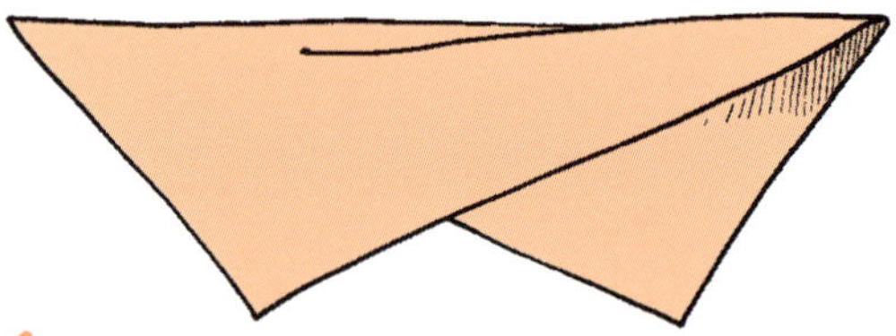

1 Ein rechteckiges Tuch von der Größe 90 x 180 cm (oder 200 cm) wird diagonal gefaltet, um seine größte Länge an der Faltkante zu erreichen.

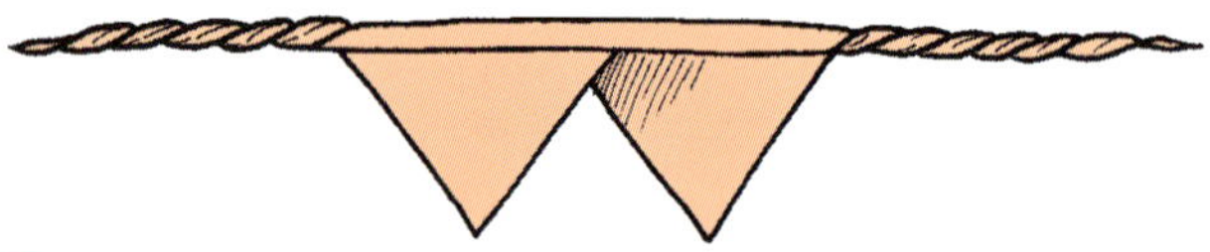

2 Rollen Sie das Tuch von der gefalteten Seite her etwa bis zur Hälfte (je nach Busengröße) zusammen.

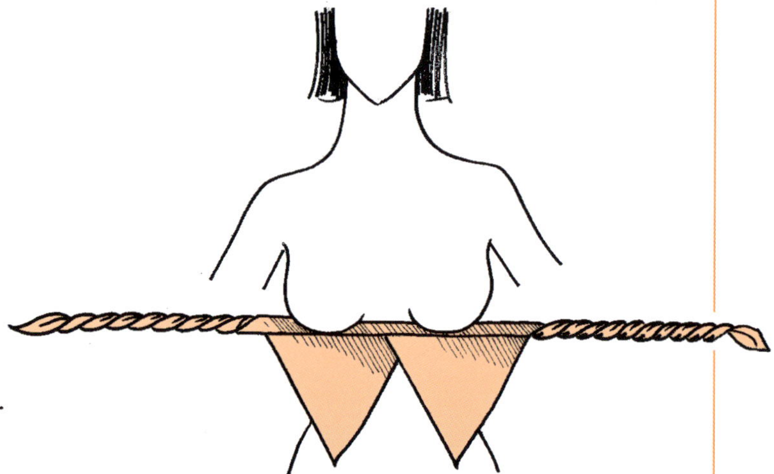

3 Das gerollte Tuch wird jetzt so unterhalb der Brust angelegt, daß anschließend die freien Dreiecke nach oben gezogen werden können.

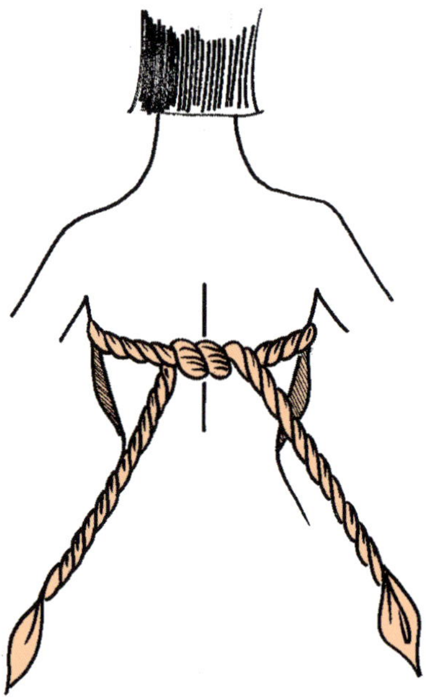

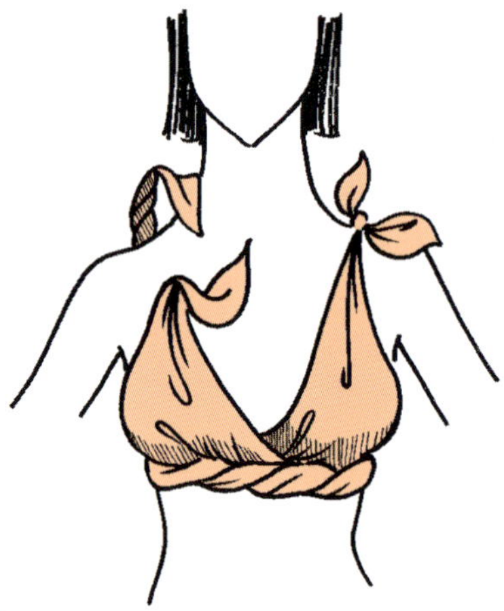

4 Überkreuzen Sie aber zuerst die kordelartigen Enden auf dem Rücken, die Sie nun hoch zur Schulter ziehen.

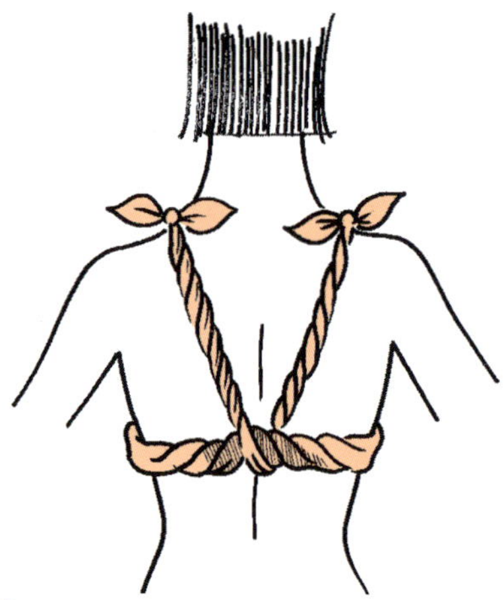

5 Jetzt heben Sie die Dreiecksenden von der Brust hoch und verknoten sie mit den kordelartigen Enden auf der Schulter.

Saint-Tropez

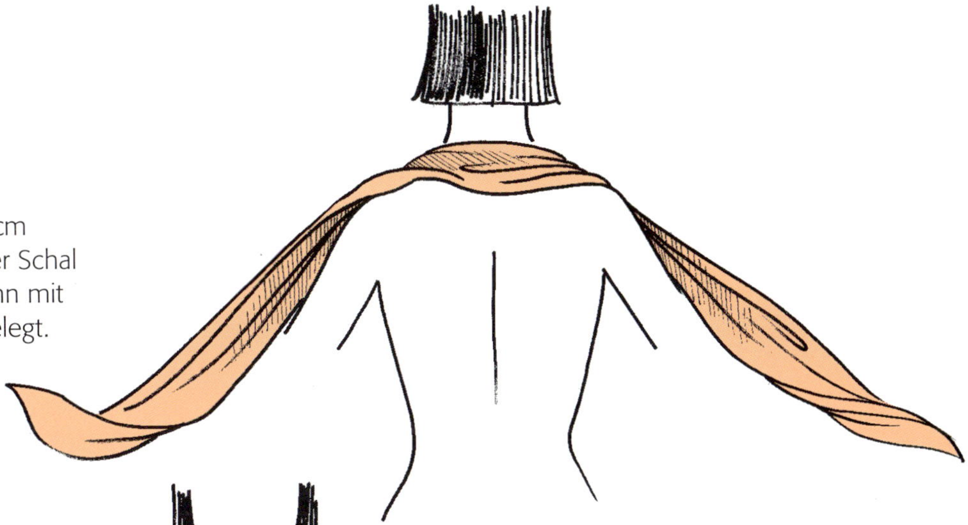

1 Ein Pareo von 90 x 220 cm oder ein entsprechend langer Schal wird schmal gefaltet und dann mit seiner Mitte im Nacken angelegt.

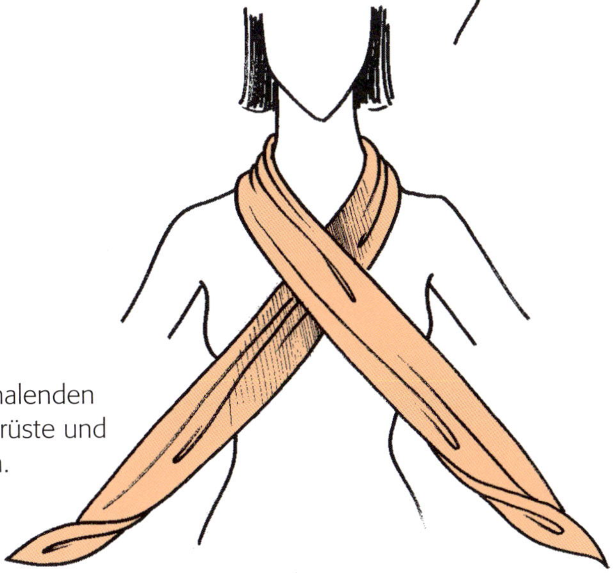

2 Führen Sie die Schalenden kreuzweise über die Brüste und weiter auf den Rücken.

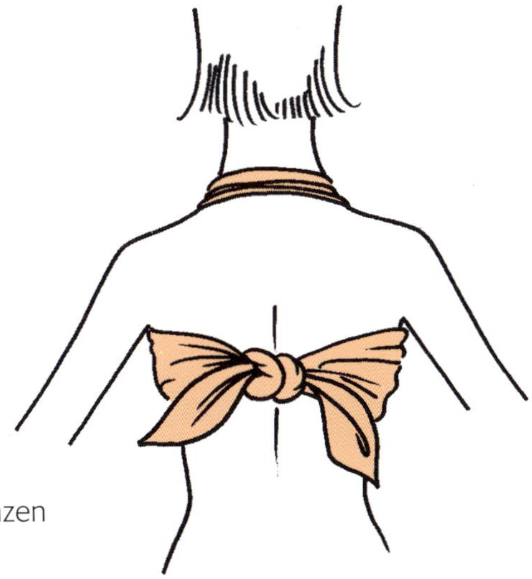

3 Abschließend mit dem ganzen Knoten zusammenbinden.

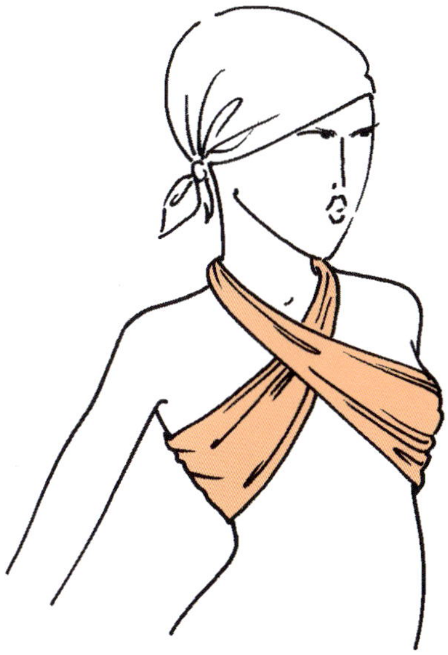

4 Dieses Bustier ist eine freche Alternative zum Bikinioberteil, kombiniert mit Wickelrock oder Wickelhose. Es ist am Strand hitverdächtig.

Aus zwei Tüchern besteht dieses blusige Top. Sie sollten farblich miteinander harmonieren und auch die Dessins aufeinander abgestimmt sein. Es läßt sich fast zu allen Röcken und Hosen kombinieren und ergänzt phantasievoll Ihre Feriengarderobe.

Estartit

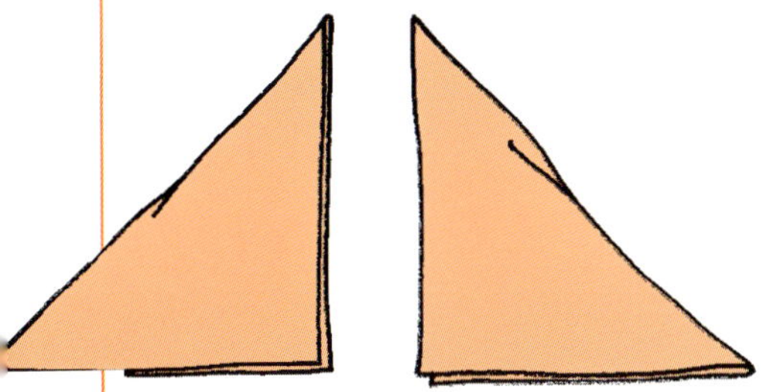

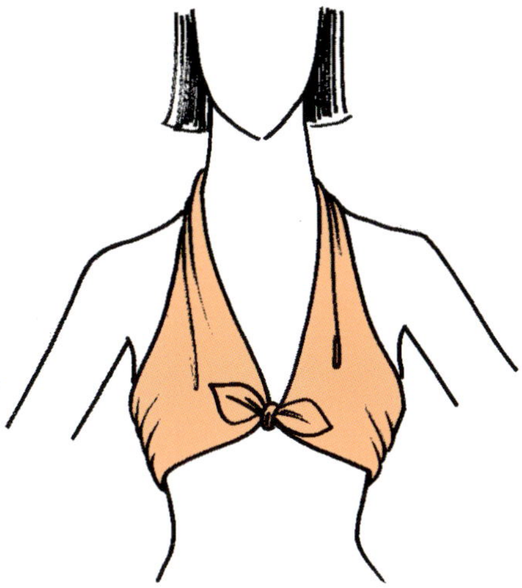

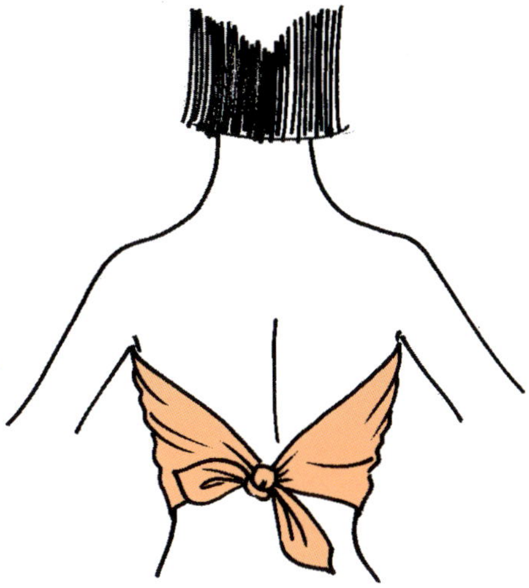

1 Sie brauchen zwei Tücher von 90 x 90 cm. Falten Sie die Tücher zu einem Dreieck mit den Falten nach außen liegend wie auf dem Bild. Verknoten Sie die beiden oberen sowie die beiden innen liegenden Spitzen miteinander.

2 Schlüpfen Sie mit dem Kopf durch die Öffnung zwischen den beiden Knoten und verknoten Sie die beiden noch freien Enden auf dem Rücken.

Capri

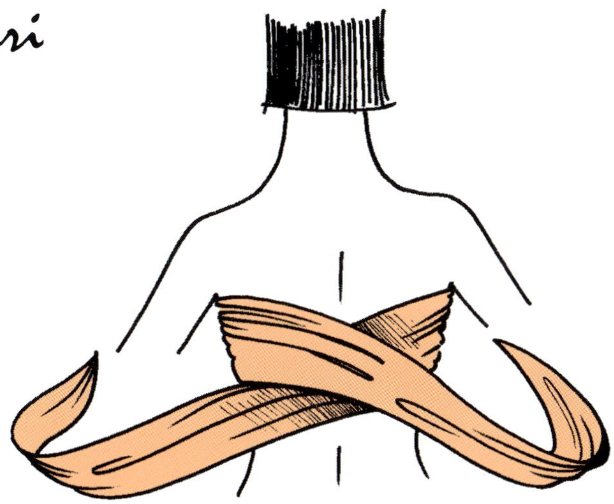

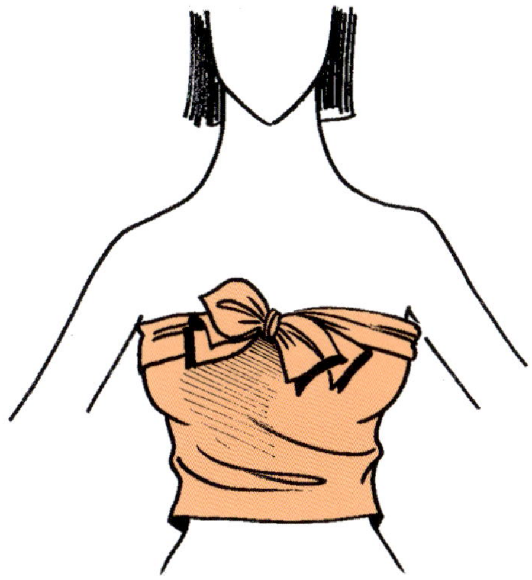

1 Falten Sie ein Tuch von 90 x 220 cm der Länge nach auf die Breite von 45 cm.

2 Legen Sie es von vorne nach hinten um den Oberkörper. Raffen Sie die Enden im Rücken. Dort werden sie überkreuzt und wieder nach vorne geführt.

3 Verbinden Sie die Enden über der Brust mit dem ganzen Knoten. Ist das Tuch gut bemessen, bleiben noch Enden übrig für eine üppige Schleife.

Algarve

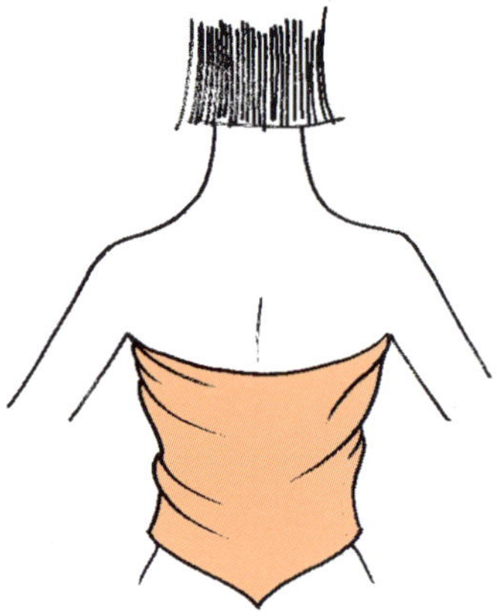

1 Sie brauchen ein Tuch von 90 x 90 cm, das zum Dreieck gefaltet wird. Die Faltkante legen Sie am Rücken an.

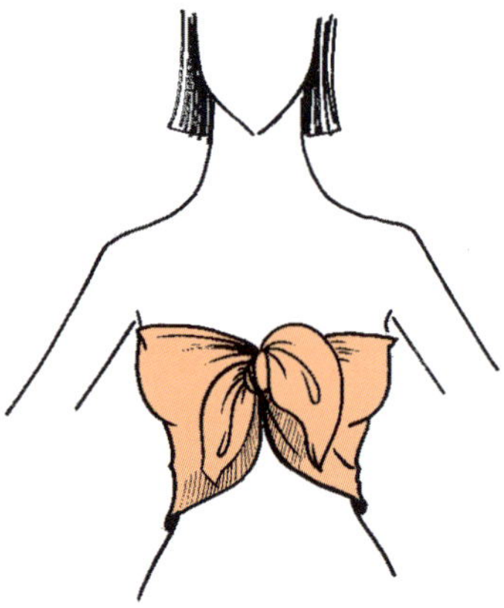

2 Die spitzen Enden werden nach vorn geholt und über der Brust verknotet.

Tip
Nehmen Sie ein größeres Tuch von 110 x 110 cm und binden es einfach anders herum: Tuchspitze nach vorn, Knoten im Rücken.

Playa de Aro

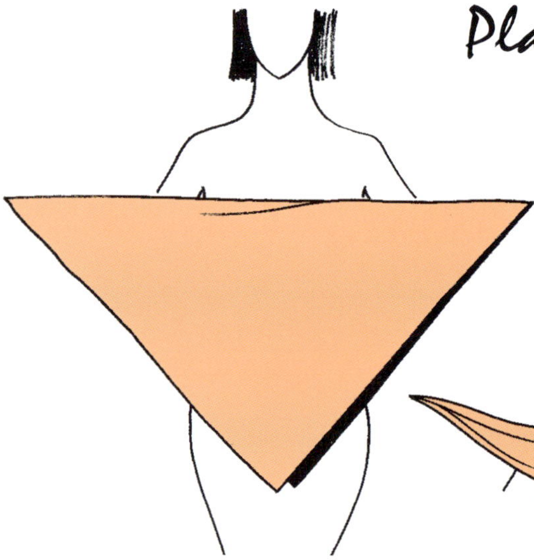

1 Ein quadratisches Tuch von 140 x 140 cm zum Dreieck falten. Legen Sie das Tuch mit der Falte nach oben vor die Brust.

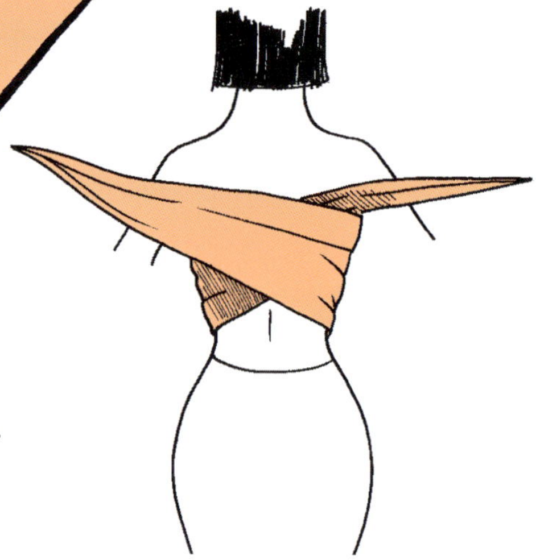

2 Die Enden unter den Achseln nach hinten führen, auf dem Rücken überkreuzen und unter den Achseln wieder nach vorne holen.

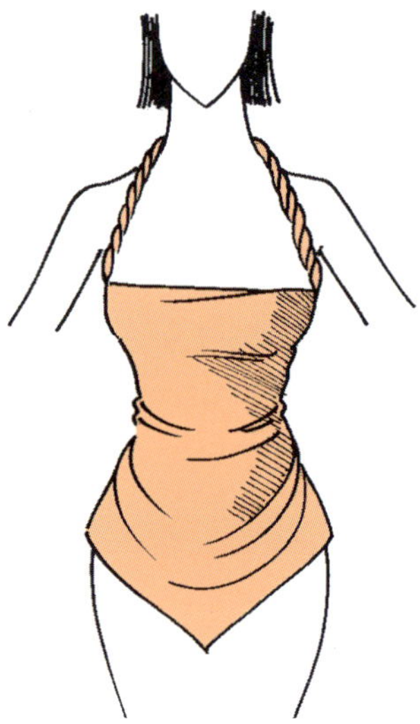

3 Zu einer Kordel gedreht, werden die Enden im Nacken mit dem ganzen Knoten verbunden.

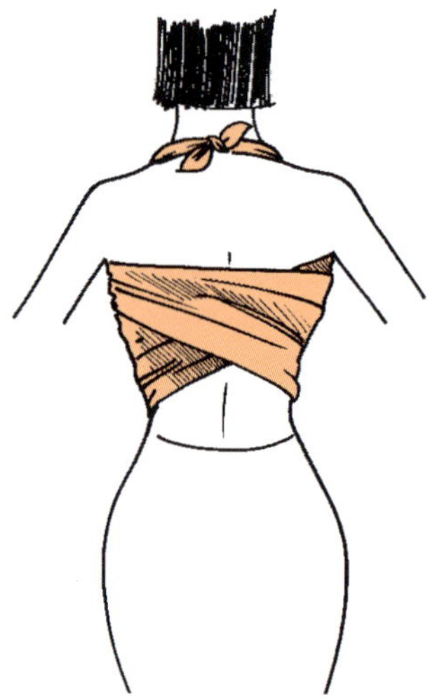

Playa de Aro

Ein figurbetonendes Top, wie es eleganter nicht sein kann. Wickeln Sie sich den schmalen Rock von Seite 95 dazu, so haben Sie ein schnelles Outfit für den Abend. Die attraktive Rückenansicht macht Ihr gekonnt gebundenes Tuch zu einem außergewöhnlichen Blickfang.

Als Rock und Hose geknotet

Bustier und Pareo – ein exotisches Strand-Outfit aus Tüchern gewickelt.

Die Art und Weise, wie die Frauen der glücklichen Inseln ihre Tücher tragen, ist auch für uns Inspiration, um im Handumdrehen aus Stoffresten oder selbst bemalten Tüchern luftig-leichten Ferienchic zu zaubern.

Zwei fröhliche Tücher, der richtige »Dreh«, ein dekorativer Knoten, mehr ist nicht nötig, um sich unter heißer Sonne wohl zu fühlen.

Bali

Mit wenigen Handgriffen können Sie einen luftigen Rock für den Strand oder – je nach Stoffbreite – einen eleganten Abendrock wickeln.

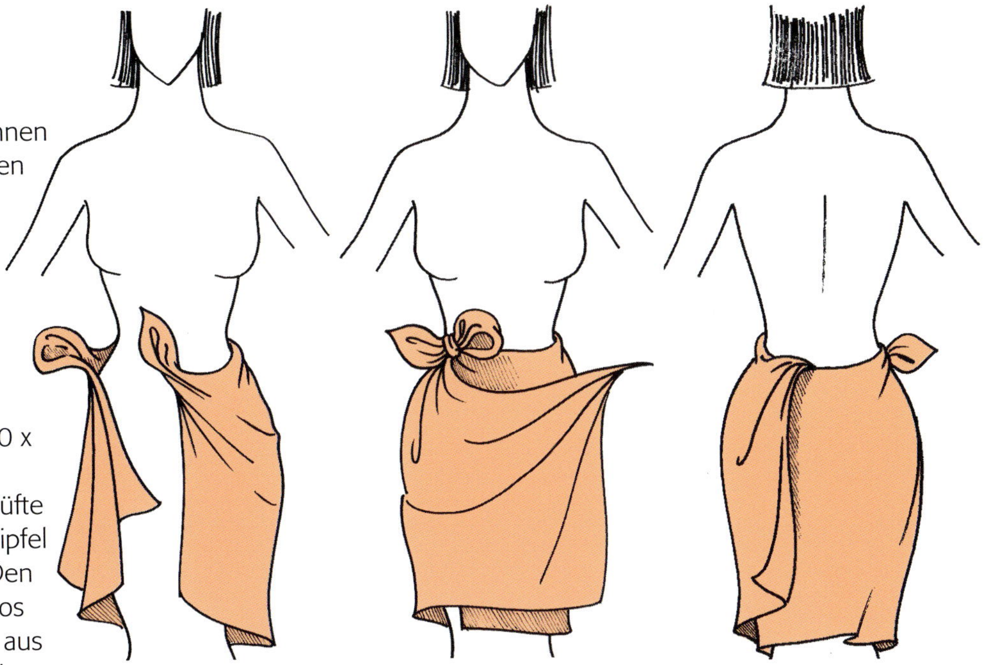

1 Legen Sie ein Tuch von 90 x 180 cm der Länge nach von hinten nach vorne um die Hüfte und zwar so, daß der linke Zipfel auf der rechten Seite liegt. Den rechten langen Teil des Pareos fassen Sie kürzer, indem Sie aus der Oberkante des Tuches einen Zipfel drehen. Mit diesem Griff können Sie die Länge des Tuches auf Ihren Taillenumfang abstimmen.

2 Den linken und den rechten gedrehten Zipfel verknoten.

3 Stecken Sie das lose flatternde Tuchende nach links in den Rockbund.

Samoa

Ein Tuch von 90 x 220 cm zum Minirock zu wickeln, ist kein Kunststück. Falten Sie es der Länge nach in die gewünschte Breite. Die Breite wird die Rocklänge sein.

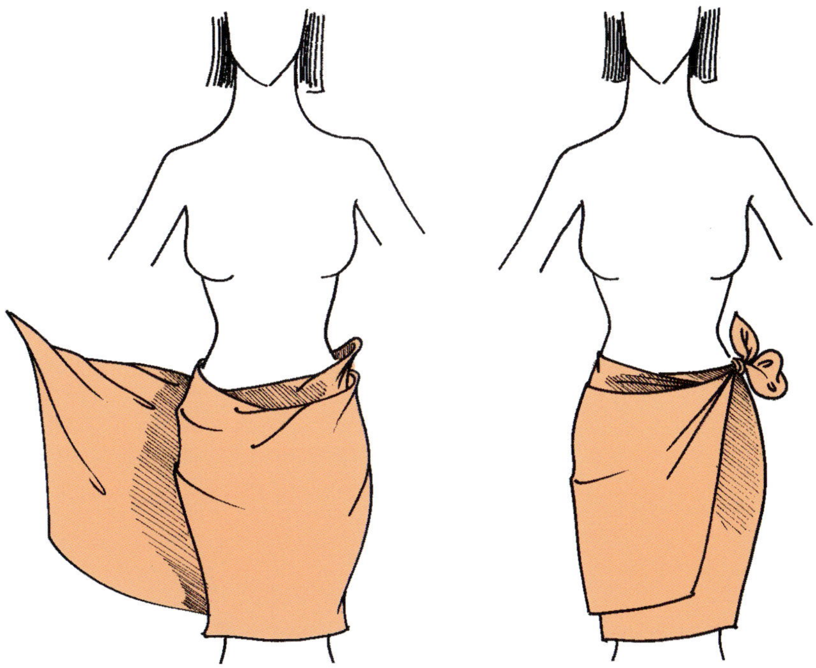

1 Legen Sie das Tuch zweimal um die Hüfte herum.

2 Verknoten Sie die Enden miteinander.

Fidschi

Sie benötigen ein Tuch etwa ab 180 cm Länge. Die Breite kann variieren zwischen 90 und 110 cm.

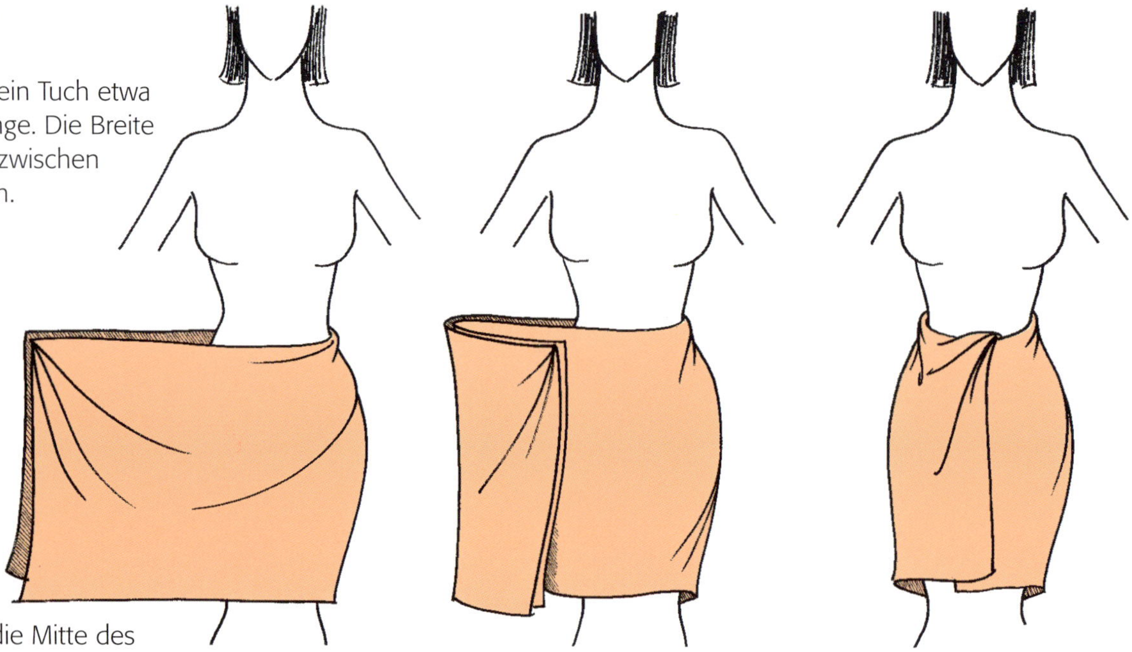

1 Legen Sie die Mitte des Tuches auf einer Hüftseite an. Ziehen Sie die beiden Enden straff zur anderen Seite.

2 Schlagen Sie die offene Seite zur Falte ein.

3 Stecken Sie die Falte im Rockbund fest.

Puka Puka

Aus zwei farblich harmonierenden Tüchern von 110 x 110 cm entsteht im Handumdrehen ein kesser Rock.

1 Legen Sie das erste Tuch von vorne nach hinten um die Hüfte und verknoten Sie die Zipfel auf dem Rücken mit einem Knoten.

2 Das zweite Tuch von hinten nach vorne um die Hüfte legen und die Zipfel vorne ebenfalls mit einem Knoten verbinden. Einfacher geht's nicht mehr!

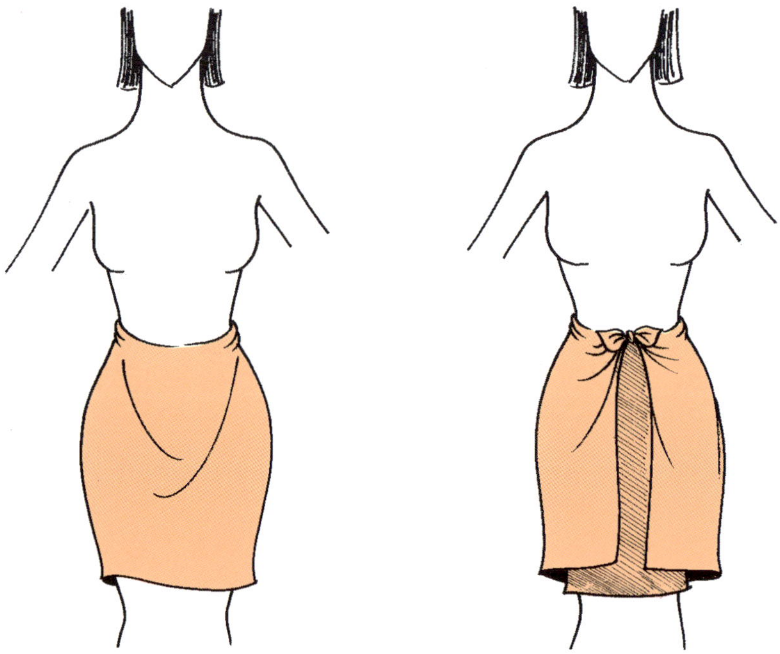

Antalya

1 Um die orientalisch wirkende Hose zu verwirklichen, benötigen Sie zwei farblich harmonierende Tücher mit den Maßen 110 x 110 cm. Das erste Tuch legen Sie sich um die Hüfte und verbinden es dort mit einem Knoten. Die beiden unteren Zipfel des Tuches werden am Knöchel miteinander verknotet.

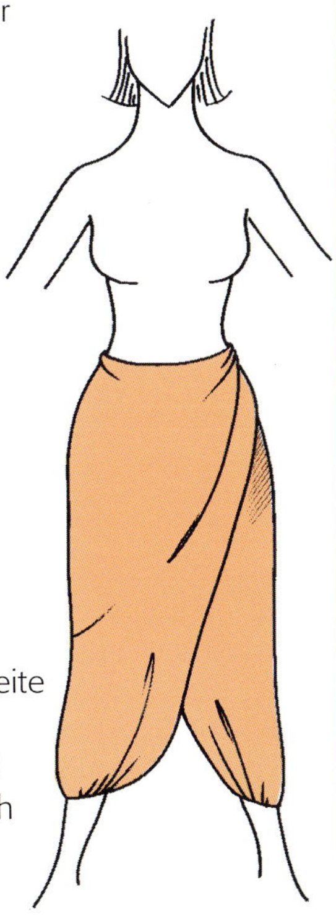

2 Das zweite Tuch wird wie unter 1 gegengleich gebunden.

Ein Hauch von Wickelrock macht Ihren Bikini ausgehfein. Das Tuch ist mit einem Knoten gehalten.

Ein zweites Tuch, gegengleich gebunden und auch am Knöchel befestigt – und schon ist mit wenigen Handgriffen eine lustige Hose entstanden.

Bora Bora

Der Tanga – auf den Südseeinseln wird er von Männern getragen!

Doch lassen Sie sich nicht davon abhalten, ihn zu Ihrer Strandkreation zu machen. So winzig der Tanga sich auch wickeln läßt, Sie brauchen schon ein großzügig bemessenes Stück Stoff dazu: Mindestbreite ist 90 cm, die Länge etwa 160 cm.

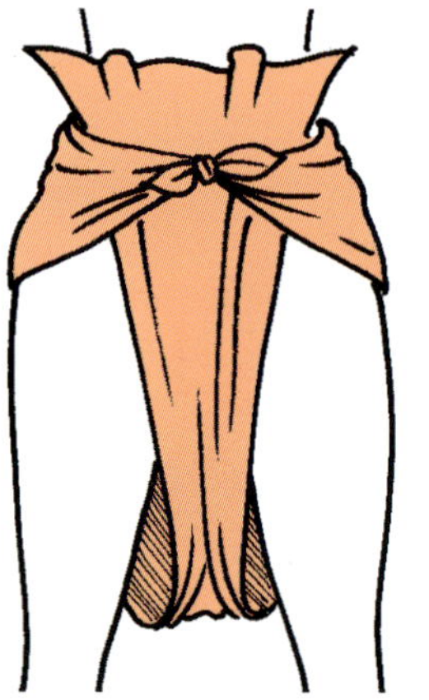

1 Das schmale Ende eines Tuches von hinten nach vorne um die Taille legen und die Ecken miteinander verknoten. Das lang herabhängende Teil des Tuches von hinten nach vorne zwischen den Beinen hindurchziehen.

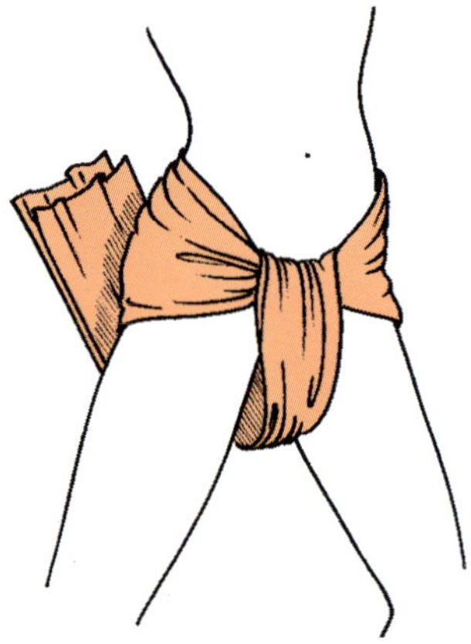

2 Die Stoffbahn wird weiter unter dem Knoten hindurch wieder nach hinten geführt.

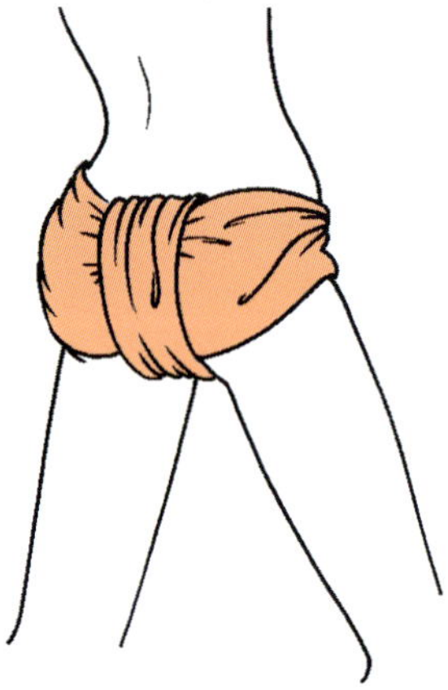

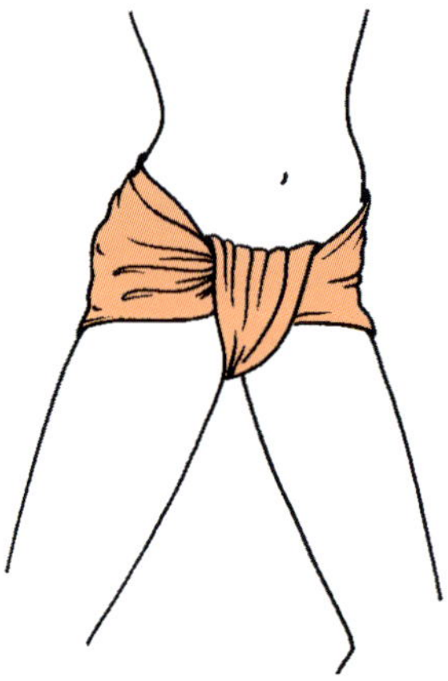

3 Das Ende des Tuches wird hinten in den Bund gesteckt.

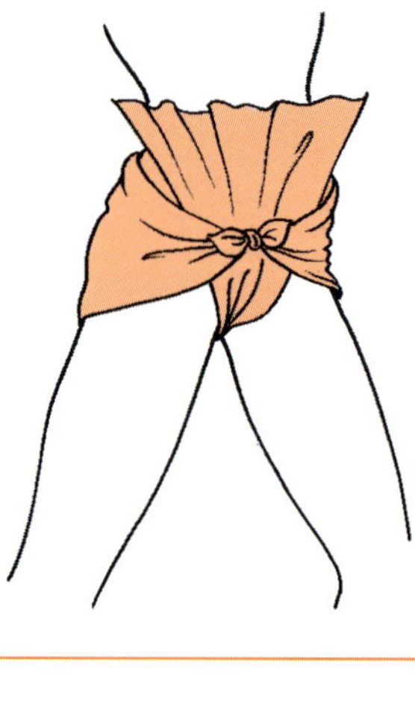

Variante

Mit einem kürzeren Tuch wird das Ganze zu einem Lendenschurz.

Als Kleid drapiert

Ein Pareo gehört unbedingt mit in den Urlaubskoffer. Er ist ein Multitalent für Ihre Ferienkleidung, ob Sie einen Rock, ein Top, oder wie hier, ein Kleid für die Strandbar daraus kreieren. Sie werden damit auf alle Fälle up to date und für einen kühlen Drink richtig angezogen sein.

Ganz wichtig: Wählen Sie für Ihren Pareo einen leichten, fließenden Stoff, nur dann fällt die Drapierung schön weich. Einfach toll, was man aus dem traditionellen Hüfttuch der Polynesierinnen alles zaubern kann.

Der Pareo-Bindetrick

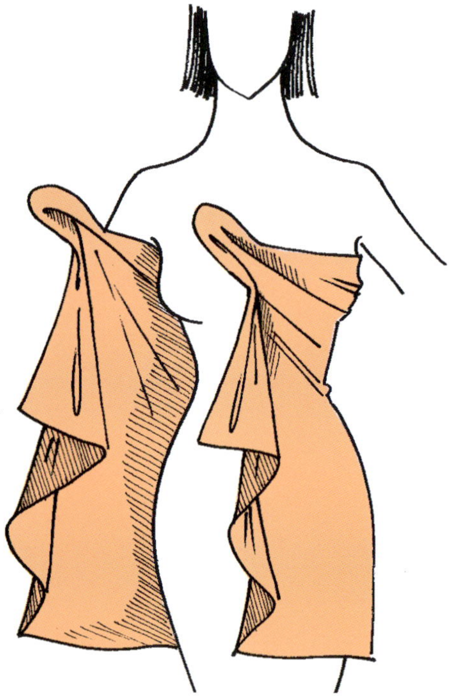

1 Um die Länge eines Tuches auf Brust- oder Taillenumfang abzustimmen, müssen Sie sich diesen Griff merken. Die Kanten Ihres Tuches werden handbreit gerafft und zwar so, daß das Tuch straff um Ihren Körper liegt. Diesen Griff können Sie bereits beim Kauf Ihres Pareos nutzen, um die richtige Größe zu erstehen.

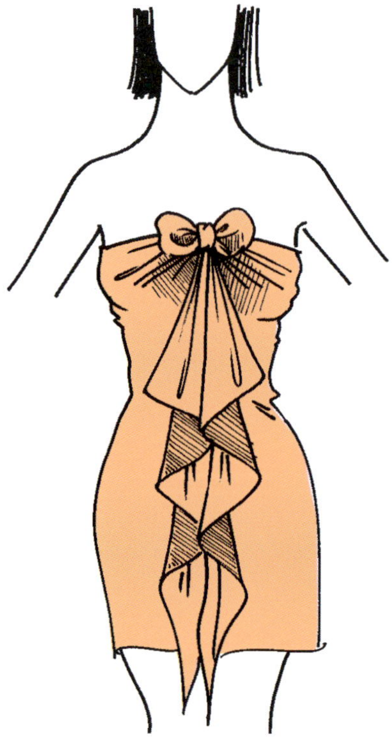

2 Die entstandenen Zipfel etwas drehen. Sie lassen sich dann gut miteinander verknoten. Mit diesem Griff stellen Sie sicher, daß der Knoten nicht durch überflüssigen Stoff zu dick wird.

◀ *Einfach zwei Handgriffe und fertig ist dieses freche Kleid.*

Kilifi

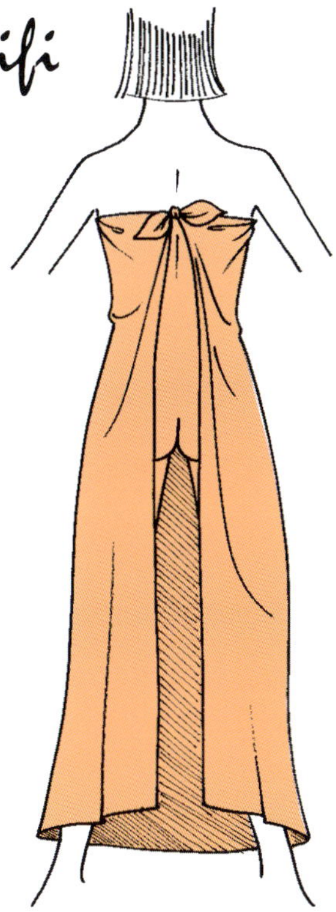

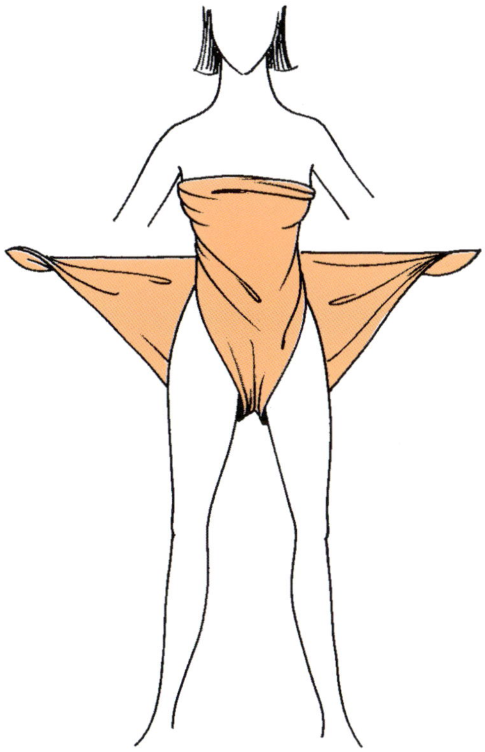

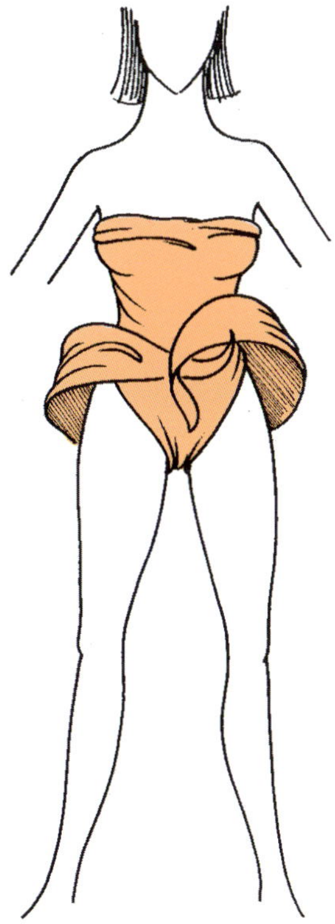

1 Die schmale Seite eines Tuches von 90 x 200 cm, besser noch 120 x 200 cm (je nach Brustumfang), vor die Brust legen. Verbinden Sie die zwei oberen Zipfel im Rücken mit einem Knoten.

2 Das vorne herabhängende Stoffteil durch die Beine nach hinten legen. Fassen Sie dessen zwei Zipfel und ...

3 ... führen Sie diese in der Taille nach vorne. Verbinden Sie die Zipfel – deren Länge Sie durch etwas Einrollen regulieren können – auf dem Bauch mit einem Knoten.

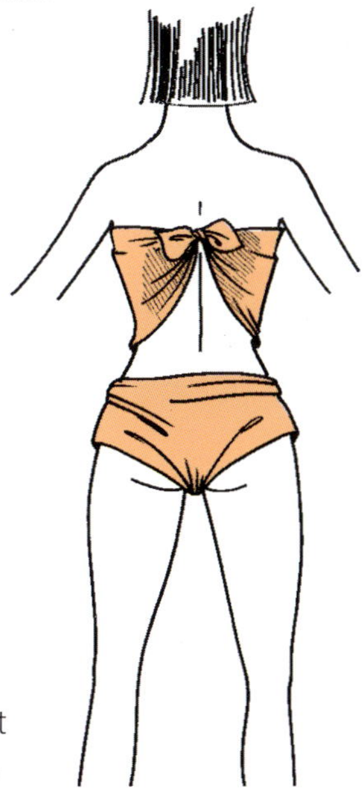

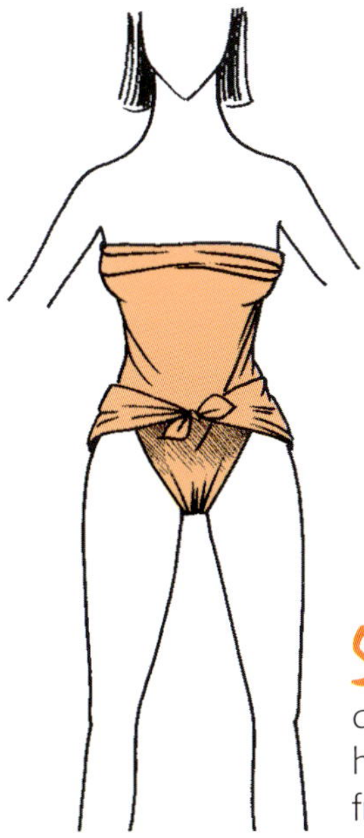

4 Eine freche Rückenansicht läßt die Sonne an den Körper.

5 Fest und knapp sitzend muß der Pareo gewickelt sein. In der heißesten Sonne ist er ein idealer fröhlicher Dress.

Malindi

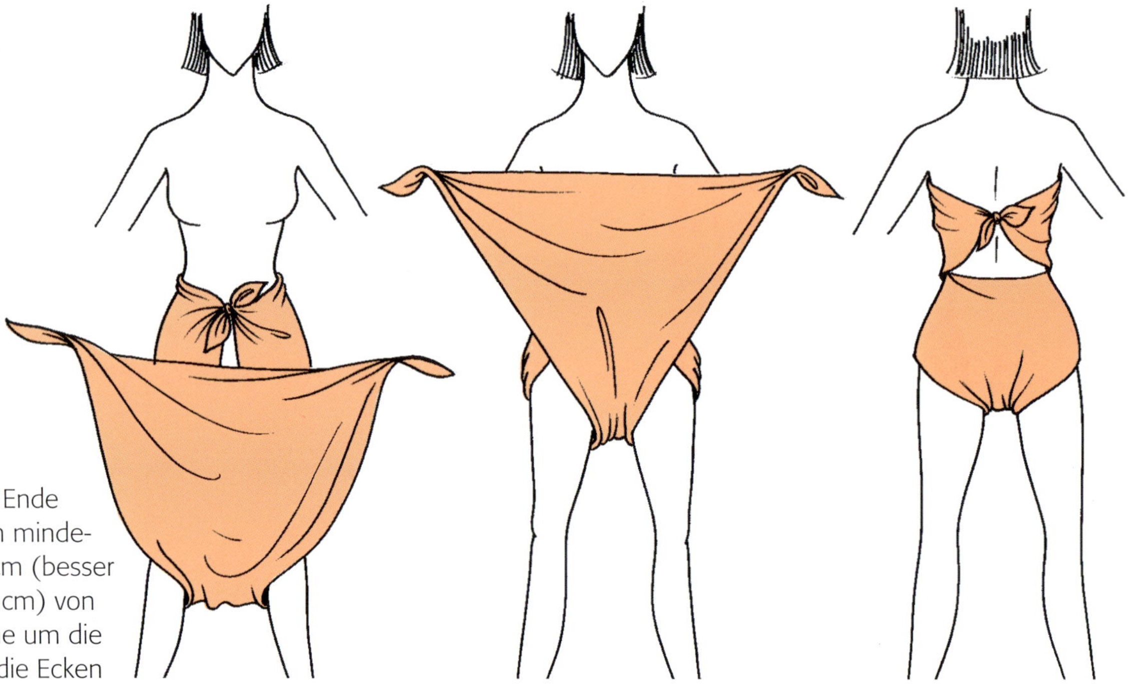

1 Das schmale Ende eines Tuches von mindestens 90 x 180 cm (besser noch 120 x 200 cm) von hinten nach vorne um die Taille legen und die Ecken miteinander verknoten.
Das lang herabhängende Teil des Tuches von hinten nach vorne zwischen den Beinen hindurchziehen.

2 Die Kante des Tuches oberhalb der Brust anlegen.

3 Die zwei Ecken zum Rücken führen und dort mit einem Knoten verbinden.

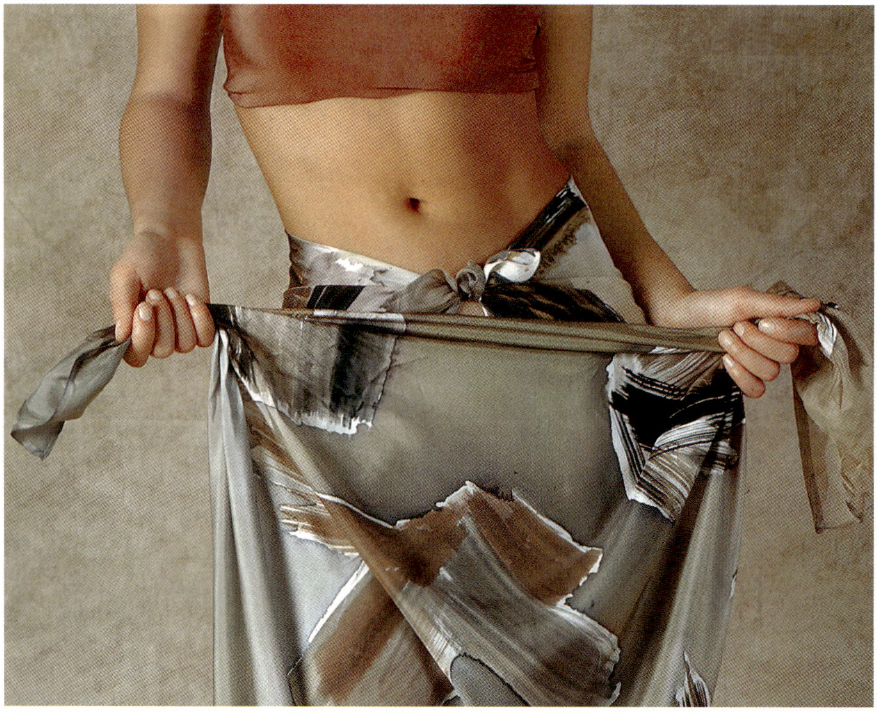

Hose, Rock oder Kleid? Aus einem schmalen langen Tuch lassen sich mit wenigen Handgriffen zwei unterschiedliche Modelle wickeln. Hier sehen Sie, wie das Tuch – von hinten nach vorn zwischen den Beinen hindurchgezogen – vorne an der Taille angelegt wird.

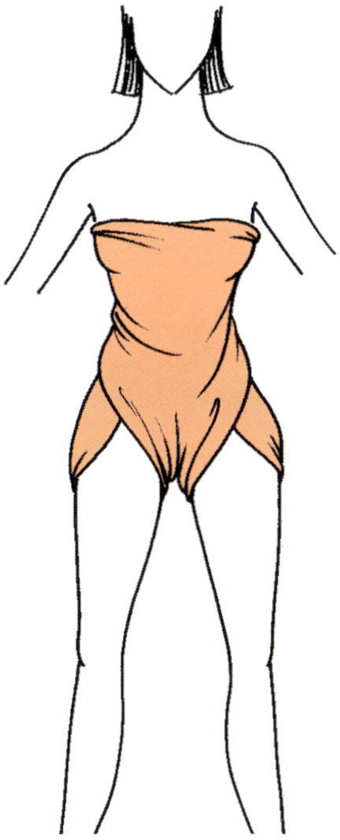

4 Je kürzer das Tuch, um so knapper und kesser sitzt es.

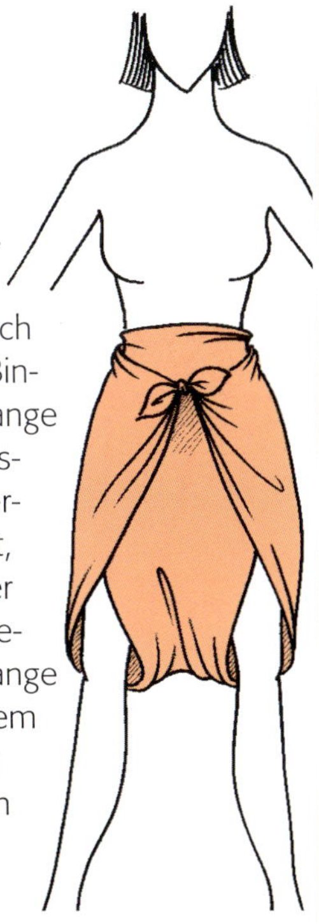

Hosen-Rock-Variation
Gehen Sie nach Punkt 1 vor. Binden Sie das lange Tuchende diesmal nicht oberhalb der Brust, sondern in der Taille. Dazu ziehen Sie das lange Ende unter dem Knoten durch und verknoten die Zipfel auf dem Rücken.

Den vorderen Teil des Tuches einfach höherziehen und oberhalb der Brust anlegen (siehe auch linkes Foto). Die Ecken auf dem Rücken verknoten und schon ist daraus ein figurumspielendes Hosenkleid geworden. Mit einem entsprechenden Gürtel wird die Taille betont.

Amboseli

1 Legen Sie die Schmalseite eines Tuches von 120 x 200 cm vorne an den Körper. Verknoten Sie die zwei oberen Zipfel hinten am Nacken.

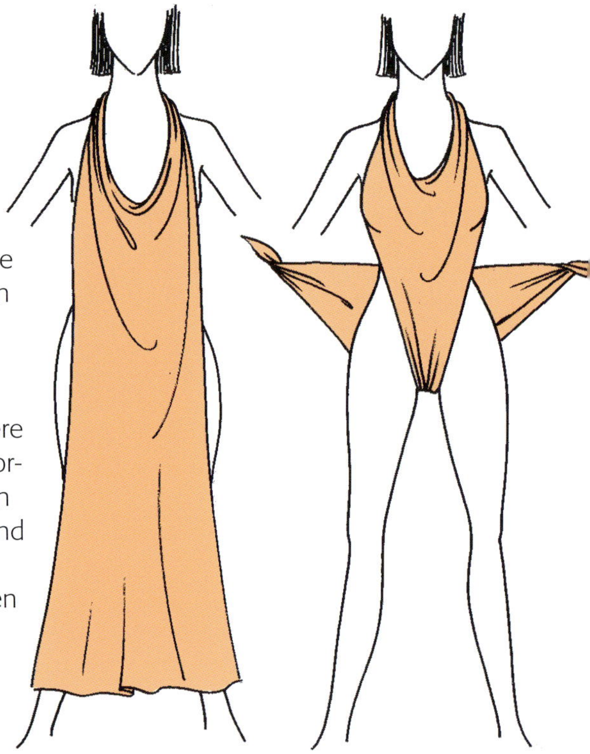

2 Führen Sie das untere Ende des Tuches von vorne zwischen den Beinen hindurch nach hinten und weiter bis zur Taille. Für einen knappen Sitz rollen Sie das Tuch etwas ein.

Ein Sonnendress für die Strandpromenade ist schnell gewickelt. Dies ist eine Hosenform, die – je knapper das Tuch am Körper liegt – um so frecher wirkt. Das richtige für lange schlanke Beine.

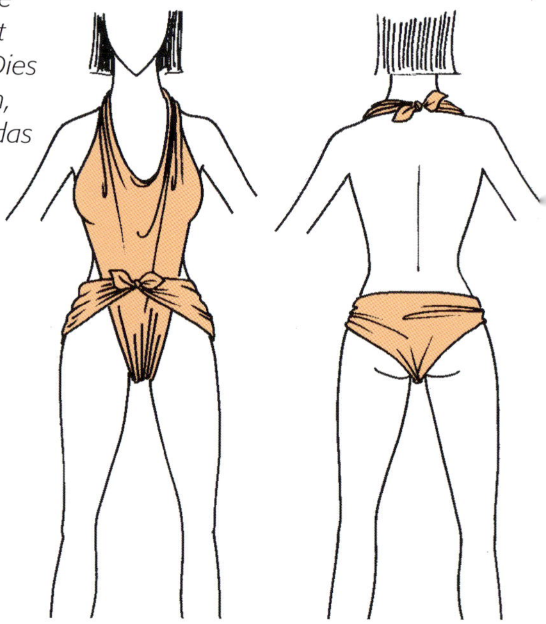

3 Mit den zwei Zipfeln des Tuches machen Sie auf dem Bauch einen Knoten.

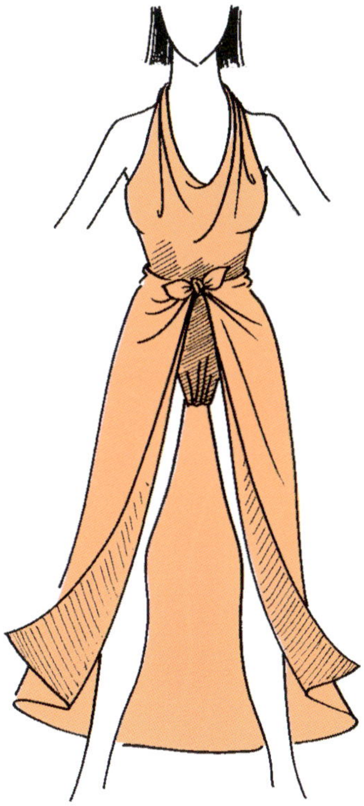

Ergänzende Variante
Mit einem weiteren Tuch von etwa 110 x 110 cm und ein paar Handgriffen komplettieren Sie dieses Sonnendress zu einem Partykleid. Nehmen Sie für den Rock ein farblich harmonisierendes Tuch, das Sie mit der Längsseite von hinten nach vorne um die Taille legen. Fassen Sie den rechten und linken Zipfel und machen Sie in der Taille – vorne oder seitlich – einen Knoten. Diesen Wickelrock können Sie auch mal schnell um den Bikini legen.

Mit wenigen Handgriffen wird der Sonnendress witzig und geschickt verändert. Lösen Sie die zwei Zipfel im Nacken, verknoten sie auf dem Rücken und Sie erhalten eine schulterfreie Version.

Mit einem zweiten Tuch, wie in der Variante beschrieben, vervollständigen Sie Ihren Sommerdress.

Wenn Sie ein edles Material wählen, z. B. Crêpe de Chine, wie hier auf dem Foto, wirkt diese Wickeltechnik noch eine Spur eleganter.

Miami

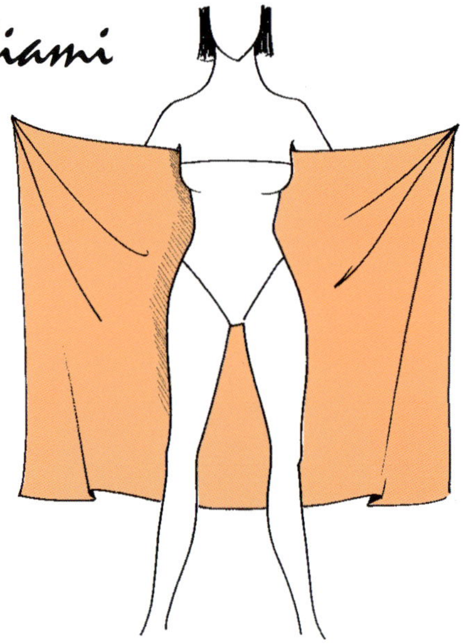

1 Ein Tuch von 140 x 160 cm mit der langen Seite von hinten an den Rücken legen. Fassen Sie die oberen Zipfel und führen das Tuch damit unter den Armen zum Nacken.

2 Befestigen Sie es dort mit einem Knoten.

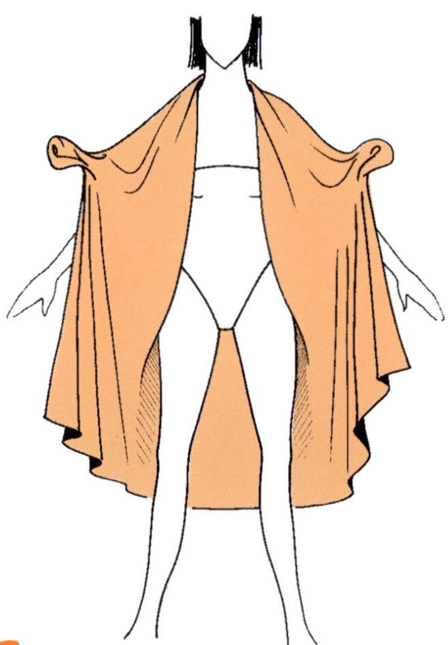

3 Greifen Sie jetzt in die Außenkanten des Tuches, um Zipfel zu bilden, die miteinander verknotet werden können. Durch die Griffhöhe bestimmen Sie die Größe des Dekolletés.

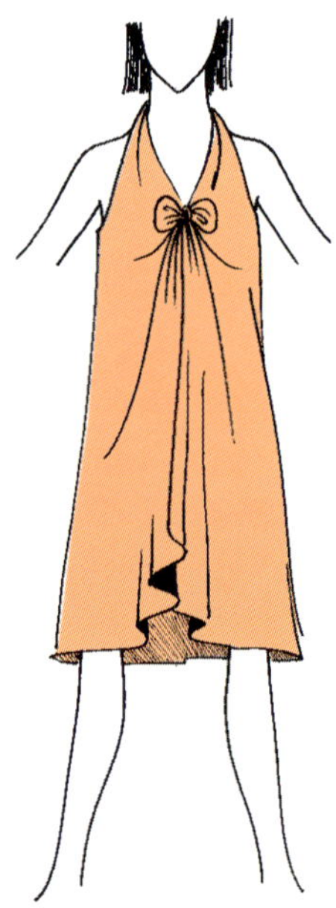

4 Voilà, das ist ein neues freches Strandkleid!

Kreta

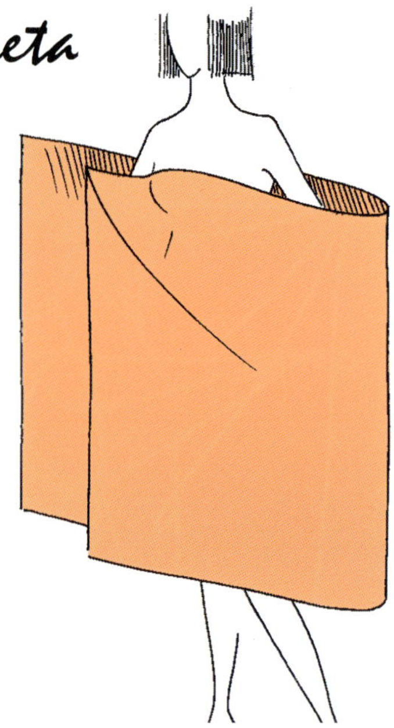

1 Ein Tuch von etwa 110 x 240 cm zur Hälfte falten, aber so, daß das um den Rücken geführte Teil ca. 20 cm länger bleibt. Die Breite des Tuches wird zur Kleiderlänge.

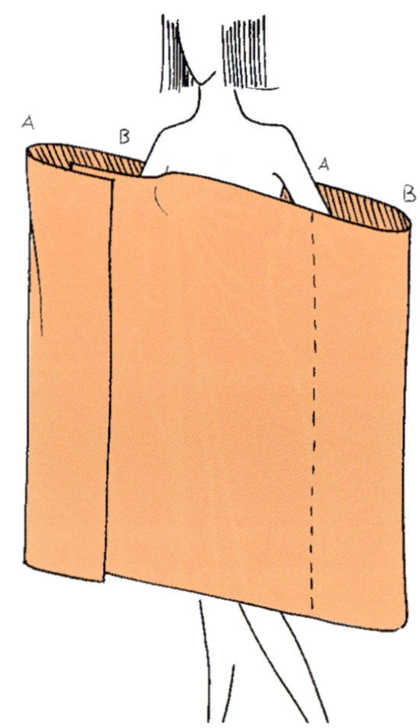

2 Diese 20 cm schlagen Sie über die Kante des vor dem Körper liegenden Teils.

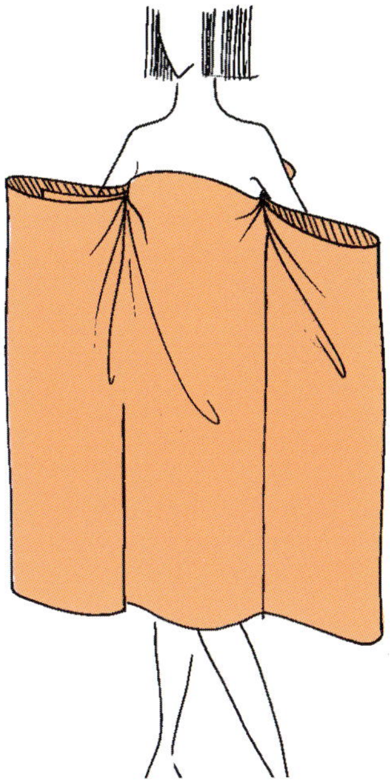

3 Klemmen Sie jetzt das Tuch rechts und links unter die Achseln (Punkt B). Die Ecken A zur Brustmitte falten und dort verknoten.

Die tiefe Kellerfalte macht den Pareo attraktiv und bequem. Er gewährt keinen Einblick. Auch ein Rock läßt sich mit dieser Wickeltechnik binden. ▶

Rhodos

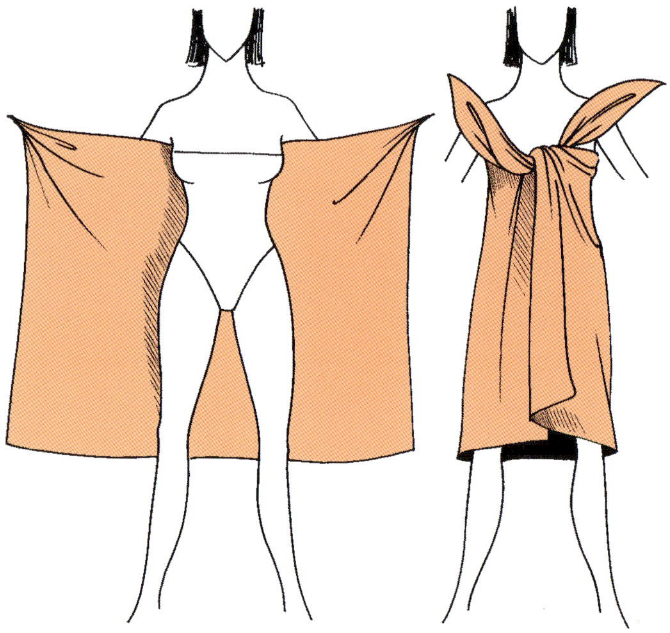

1 Für dieses Modell sollte Ihr Tuch die Maße 90 (120) x 200 cm haben. Die lange Seite von hinten nach vorne um den Körper legen.

2 Die beiden oberen Ecken locker mit einem halben Knoten übereinanderschlagen.

Je nach Breite Ihres Tuches wird eine Bluse (Foto) oder ein luftiges Kleid (Zeichnung) daraus. Es ist eine fast klassische Wickeltechnik. Sie läßt sich mit einem Gürtel modisch variieren oder vorne mit einer dekorativen Nadel zusammenhalten.

3 Die Enden leicht verdrehen, hinter den Nacken führen und dort verknoten.

Variation A
Wenn Sie die oberen Zipfel unter der Achsel und abschließend auf der Schulter verknoten, wird aus der eleganten Wickelform ein fröhliches Hemd für den Strand.

Variation B
So sieht eine Variante aus, bei der ein Stoff von nur etwa 50 bis 60 cm Breite gewickelt wurde. Das Ergebnis: ein heißes Sommer-Top.

Milos

Sie benötigen einen Stoff von 110 (120) x 240 cm, um diesen Pareo daraus zu wickeln.

1 Nehmen Sie die Länge des Tuches, ziehen Sie einen Zipfel von links nach rechts über die Brust und halten ihn dort fest. Den langen Teil des Stoffes schlingen Sie sich unter den Achseln um den Körper.

2 Verbinden Sie beide Zipfel auf der rechten Schulter.

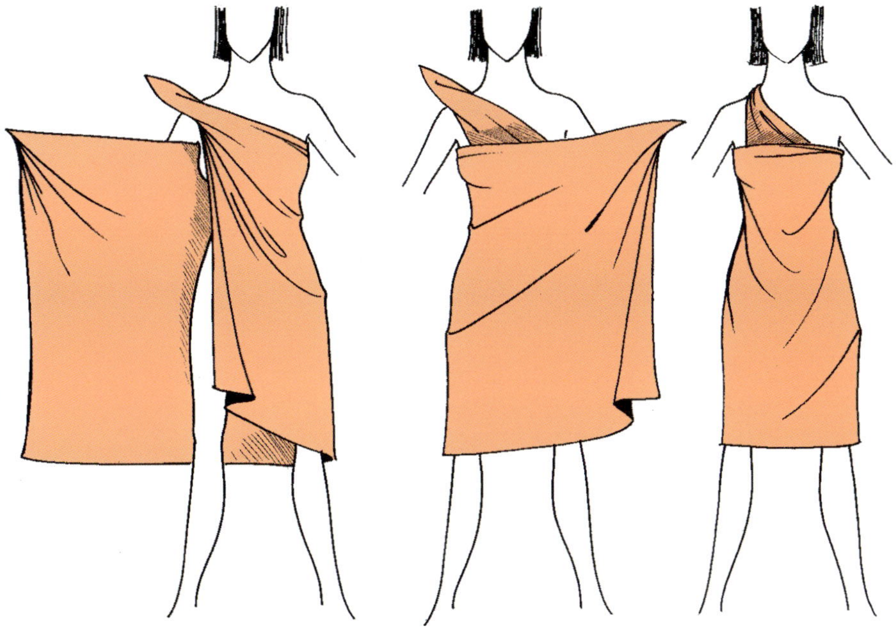

Siam

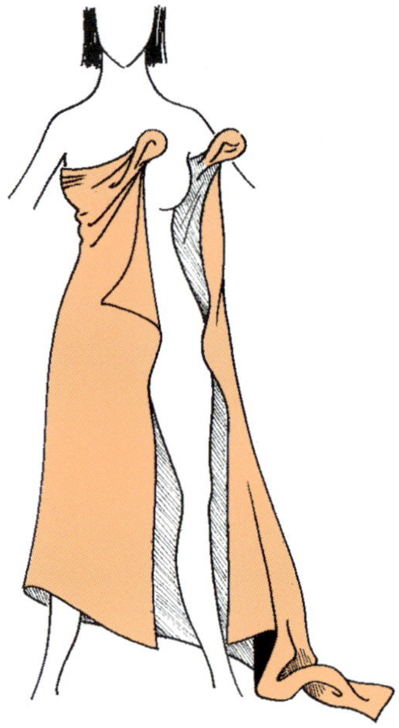

1 Ein Stoff von 115 x 300 cm ist erforderlich für den Sari-Dress. Er sollte weich und fließend sein. Geeignet dafür ist ein Crêpe de Chine. Legen Sie die Länge des Stoffes von vorne nach hinten um den Oberkörper. Das kurze rechte Ende befindet sich etwa in der Mitte über der rechten Brust. Fassen Sie an der Oberkante das kurze Teil noch etwa 40 cm kürzer, so daß ein Zipfel entsteht. Das lange linke Teil greifen Sie ebenfalls zu einem Zipfel, so daß der Stoff eng um den Oberkörper liegt.

2 Beide Zipfel verbinden Sie mit einem Knoten. Vorne haben Sie nun ein lang herabfallendes Stoffteil. Fassen Sie dessen obere Ecke und führen es locker unter dem rechten Arm von vorne nach hinten. Den Zipfel dabei leicht drehen.

3 Den gedrehten Zipfel nun von hinten über die Schulter wieder nach vorne legen und über der Brust am Stoffrand – am besten mit einer Brosche – feststecken.

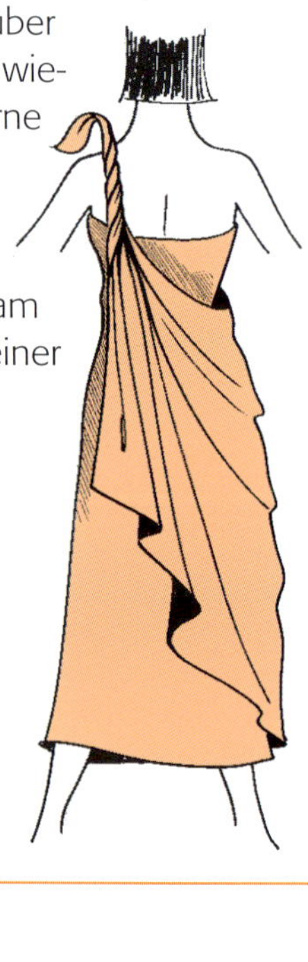

Ein Hauch von Fernost. Mit diesem Wickelkleid aus anschmiegsamem Material können Sie am Abend glänzen. Hier ist es ein weich fallender Crêpe de Chine.

Stromboli

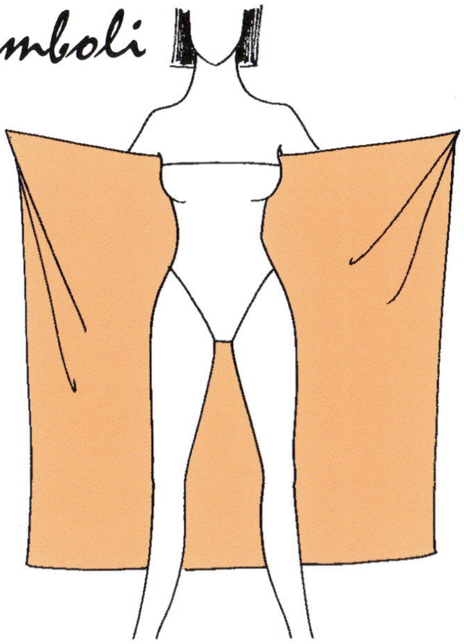

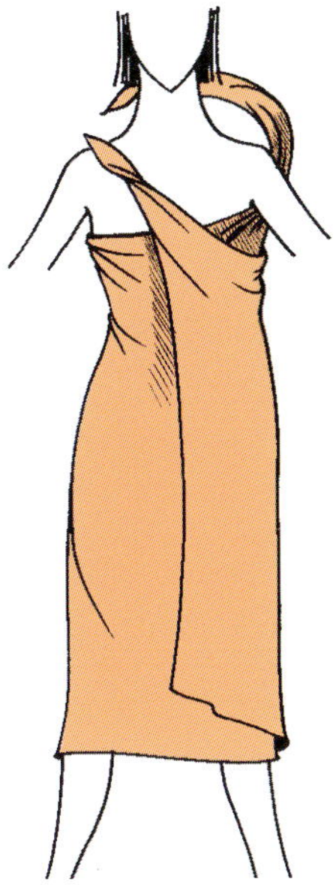

1 Die Längsseite eines Tuches von 110 (120) x 240 cm um die Brust legen.

2 Kreuzen Sie die Enden unter der linken Achsel.

3 Führen Sie ein Ende von vorne, das andere über den Rücken zur rechten Schulter.

4 Dort verbinden Sie die Enden mit dem ganzen Knoten.

Variation

Gehen Sie nach Schritt 1 und 2 vor. Führen Sie ein Ende von vorne, das andere Ende vom Rücken, jetzt aber zur linken Schulter, wo Sie die Enden miteinander verknoten.

Mit einem Knoten an der richtigen Stelle wird ein Seidentuch zu einem Partykleid drapiert. Aus Baumwolle gewickelt, ist es für den Weg zum Strand geradezu ideal. Lassen Sie Ihrer Phantasie freien Lauf. Verändern Sie Ihr Wickelkleid mit Gürteln oder Anstecknadeln. ▶

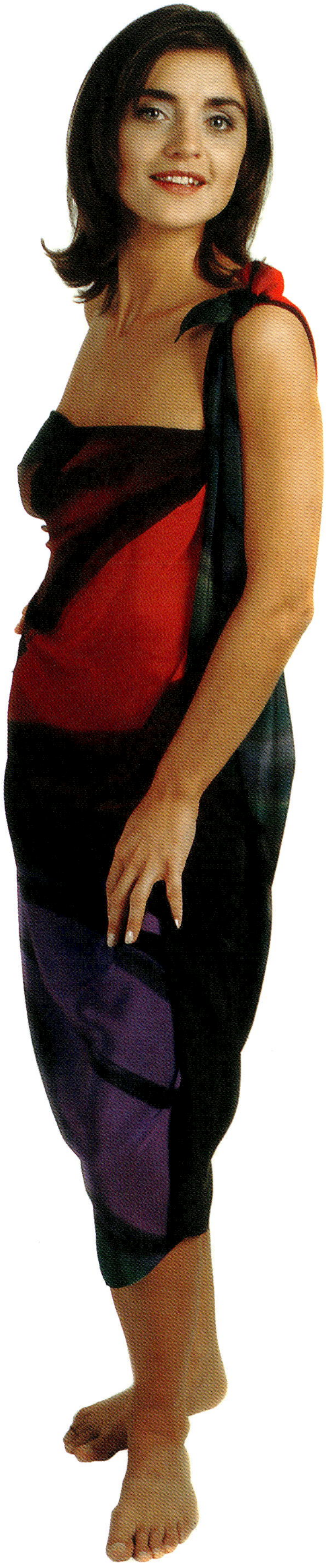

Adana

Eine schmale Silhouette ist die Raffinesse bei diesem Wickelmodell. Nirgendwo wird Einblick gewährt. Je nach Material, ob Seide oder leichte Baumwolle, wird aus dieser Wickelidee ein Sommer- oder Abendkleid für besondere Gelegenheiten.

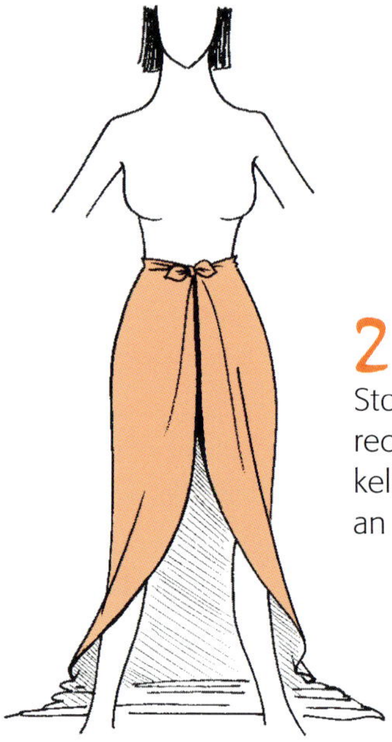

1 Sie benötigen eine Stoffbahn von 115 x 300 cm. Ein schmales Ende des Stoffes von hinten nach vorne um die Taille legen und auf dem Bauch einen Knoten machen. Das herabhängende Teil des Stoffes von hinten nach vorne zwischen den Beinen hindurchziehen, hochnehmen und die Ecken im Nacken miteinander verknoten.

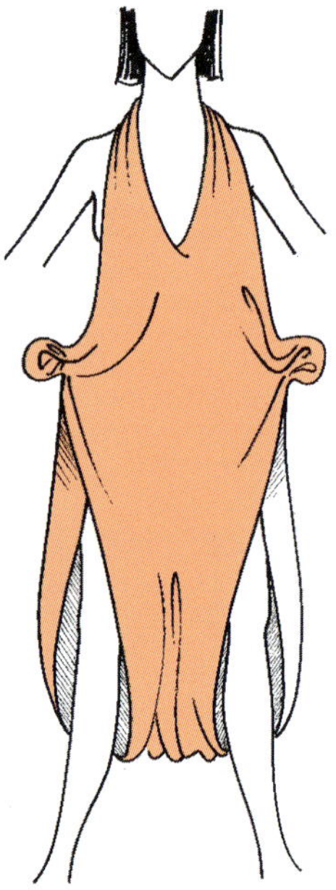

2 Drehen Sie in die seitlichen Stoffkanten einen Zipfel und zwar rechts und links etwa in Oberschenkelhöhe und ziehen Sie den Stoff an den Zipfeln bis zur Taille hoch.

3 Verbinden Sie die Zipfel auf dem Rücken mit dem ganzen Knoten.

Mykonos

Zwei einfache Vorschläge, ein Tuch schnell um den Körper zu schlingen. Es sollte knapp um den Körper liegen. Messen Sie deshalb an der stärksten Stelle und geben noch 30 cm hinzu.

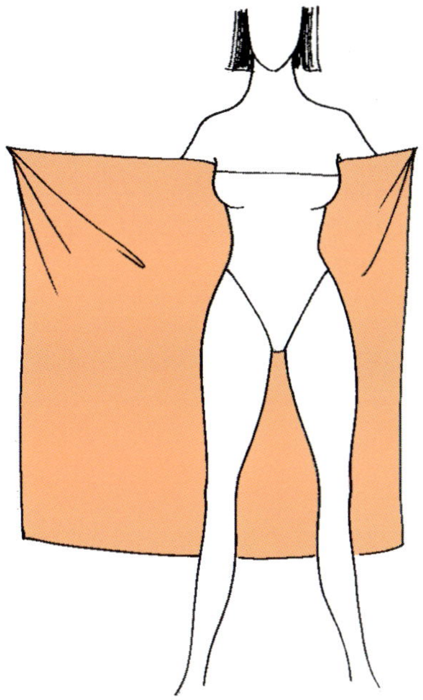

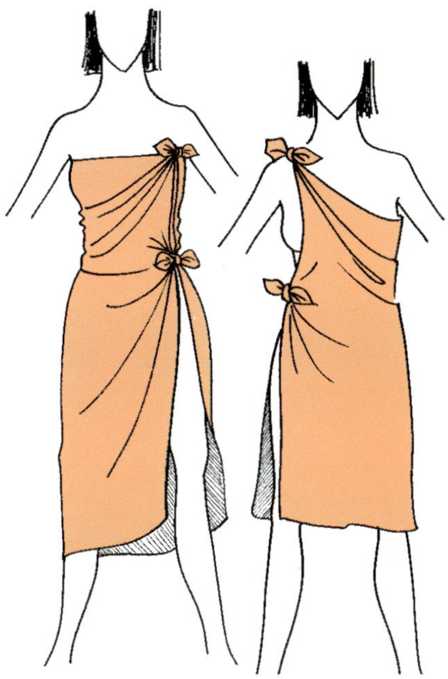

1 Das Tuch wird vorne seitlich, fast unter dem Arm, geschlossen. Einmal mit den oberen Zipfeln, das andere Mal bilden Sie zwei Zipfel aus den seitlichen Tuchkanten und verknoten diese miteinander.

2 Variieren Sie das Modell, indem Sie die zwei oberen Zipfel auf der Schulter knüpfen.

Soirée

Auch diese Wickeltechnik ist einfach. Sie benötigen zwei harmonierende Tücher von 110 x 110 cm bis 140 x 140 cm.

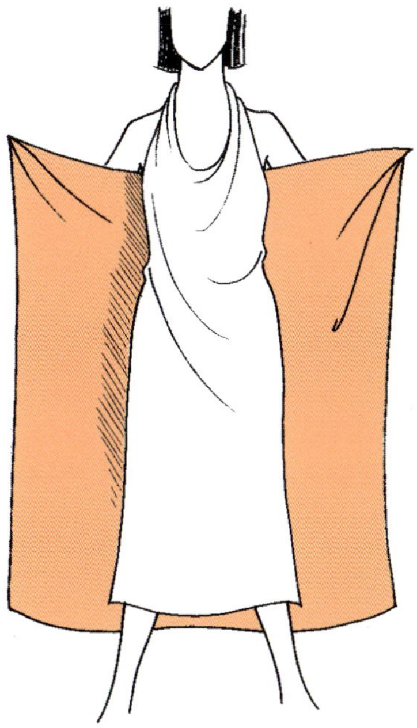

1 Das erste Tuch legen Sie vor die Brust und verbinden die oberen beiden Zipfel im Nacken.

2 Legen Sie das zweite Tuch von hinten nach vorne über die Brust und verknoten es dort.

Vienna

1 Für dieses Party-Kleid brauchen Sie zwei Tücher in der Größe 140 x 140 cm. Nehmen Sie das erste Tuch und legen Sie es um die Brust. Machen Sie oben, je nach Ihrer Körpergröße, einen Umschlag. So können Sie das Tuch verkürzen.

◄ *Aus zwei Tüchern läßt sich im Handumdrehen ein Kleid für sommerliche Ferientage oder Partyabende kreieren. Am raffiniertesten wirkt es, wenn Sie ein einfarbiges und ein gemustertes Tuch wählen, die farblich miteinander harmonieren. Als körperumspielende Wickelidee wirkt es auch bei fülligeren Figuren vorteilhaft.*

Tip

Lassen Sie das untere Tuch weg und nehmen das obere als Accessoire zu einem schlichten Kleid. Es wird dadurch zu etwas Besonderem.

2 Führen Sie die zwei oberen Zipfel auf den Rücken und machen Sie dort den ganzen Knoten.

3 Das zweite Tuch legen Sie nun vom Rücken nach vorne.

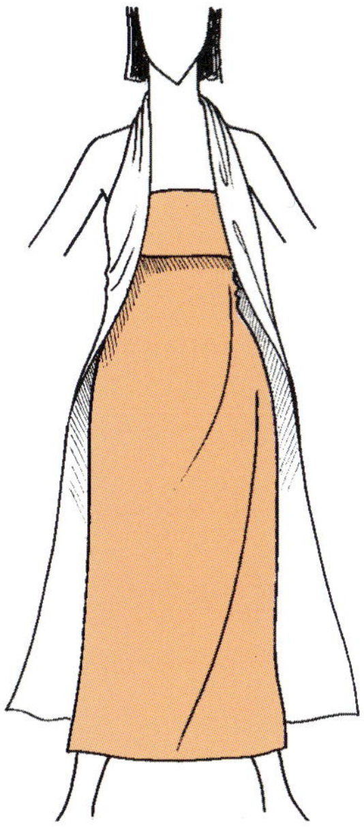

4 Die oberen Zipfel im Nacken mit dem ganzen Knoten verbinden.

Santorin

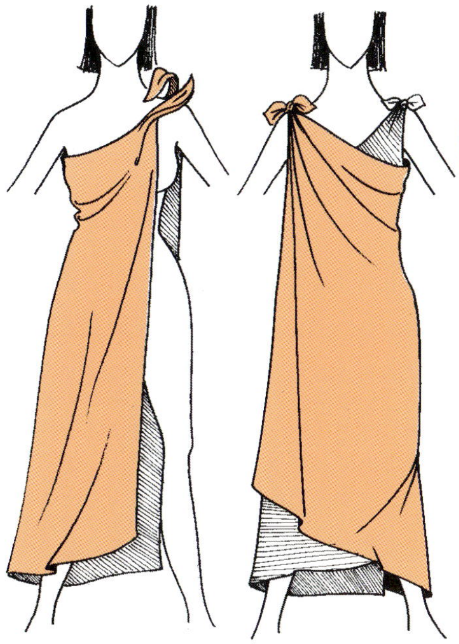

1 Sie benötigen zwei Tücher in der Größe 140 x 140 cm. Legen Sie die Mitte des ersten Tuches unter einem Arm an. Verbinden Sie die zwei Zipfel auf der Schulter mit dem ganzen Knoten.

2 Das zweite Tuch gegengleich binden.

Wenn Sie das erste Tuch solo tragen und eventuell mit einem Gürtel zusammenhalten, haben Sie einen luftigen Umhang für den Weg zum Strand. Mit dem zweiten Tuch dazu ein figurumspielendes luftiges Sonnenkleid, das Sie ebenfalls mit Gürteln variieren können. ▶

Kleine Accessoires

Eine Winzigkeit von Tuch, ein witziger Gedanke, es an die richtige Stelle der Kleidung zu stecken, kann eine verblüffende Wirkung haben.

Lassen Sie sich dazu was einfallen: in die Brust- oder Hüfttasche, Revers, Haar, am Schuh, an die Handtasche gesteckt oder durch Gürtellaschen gezogen.

So ein kleiner Gag ist unkompliziert in die Tat umzusetzen, kostet kaum etwas und macht gute Laune. Ganz toll: mit Bändern geschmückte Sommerhüte.

Mit einem Tuch wird auch der schönste Hut noch schöner. Legen Sie das Tuch zu einem Streifen gefaltet um den Hutschaft und verwenden Sie einen der vielen Schleifenknoten aus diesem Buch, um es zu halten. Lassen Sie ihre Phantasie spielen.

Granada

Zwei Accessoires, die sich gefunden haben: Ein Tuch und ein Hut! Hier sind es ein feingeflochtener schwarzer Hut aus Panama-Stroh und zwei Seidentücher in differenzierten Rottönen. So läßt sich wunderbar unter südlicher Sonne flanieren. Die gekonnte Kombination ist auf angenehme Art nicht zu übersehen und spendet zudem noch ein wenig Schatten.

Was phantasievolle Hutmacherinnen im Laufe der Kostümgeschichte zu einer hohen Kunst entwickelten, Hutformen und Tücher in Farbe und Material auf vielfältige Weise miteinander zu kombinieren, ist mit fröhlichem Pep und wenigen Handgriffen an diesem Beispiel verwirklicht worden. In die um den Hut gelegten zwei Tücher – etwa 90 x 90 cm groß und zu Bändern nach Schema D gefaltet – wurde einfach ein halber Knoten gemacht. Die Enden liegen lose auf dem Hutrand , damit sie bei jeder Bewegung mitschwingen können.

Sorrent

Den hellen Panamahut schmückt ein gemustertes Seiden-Chiffontuch in sommerlichen Orangetönen. Es ist 90 x 90 cm, zu einem Dreieck gefaltet und um den Hut gelegt. Eine Schleife, Marke »Karo einfach« von Seite 15 hält es fest.

Hut und Tuch sollten im Stil mit Ihrer Garderobe harmonieren und beides natürlich auch zur jeweiligen Gelegenheit passen. Das erfordert ein wenig Feingefühl, denn ein Zuviel an Dekoration kann schnell seine Wirkung verfehlen. Wenn Sie aber Ihrer Phantasie freien Lauf lassen wollen, tragen Sie Ihre Kreation selbstbewußt und mit Humor. Ein Lächeln im Alltag tut wohl.

Danksagung

Bei allen, die ihre eigenen Entdeckungen auf diesem Gebiet preisgaben, möchte sich die Verfasserin für die vielen Anregungen herzlich bedanken.

Um diese Wickeltechniken zu realisieren, haben
Brigitte Funk
Britta Hansen
Ulla Schellin
Rolando Rasmussen
ihre selbstbemalten Tücher freundschaftlich zur Verfügung gestellt. Ihnen gilt ein besonderer Dank.

Verfasserin und Verlag bedanken sich bei Herrn Günter Wackenhut in Wiesbaden, der die Verbindung zur **rosner** Art of Fashion in Ingolstadt ebenso herstellte wie zur Krawattenfabrik THEO KÖLLN in Hamburg. Sie stellten wesentliche Anteile der modischen Bekleidung bzw. der Tücher zur Verfügung, die von den Models Anna Carla, Lydia Jakob, Sandra Kaas, Korinna Krauß, Veronika Plenk, Ulrike Östreicher und Karin Zacher getragen wurden.

Georg Korpas sorgte für Make up und Styling.

Fotografiert hat Annette Hempfling, die unermüdlich ihre Aufmerksamkeit zwischen den Models und ihrem Sohn Niklas (4 Monate alt) teilte.

Kristiana Heinemann wandelte die „verwickelten" Angaben zum Binden und Knoten in Zeichnungen um.

Hermine Karas schrieb die Texte mit dem PC und dachte mit.

Kirsten Klug band, wickelte und knotete nach Text und Bild fast alle Modelle nach, ob man gut damit zurechtkommt. Sie kam!

Ihnen allen noch einmal ein herzliches Dankeschön.

Schlußbetrachtung

Einen Schlußknoten – den möchte ich Ihnen nicht machen. Das Thema ist ja unendlich variabel und bestimmt haben Sie auch eigene Einfälle bekommen.

Hier ein letzter Vorschlag:
Nehmen Sie ein quadratisches Tuch aus edlem Material. Ihre Lieblingsfarben sollte es haben und natürlich Ihr Lieblingsmotiv. Wählen Sie es mit Bedacht aus. Machen Sie diesmal keinen Knoten ins Tuch, sondern fassen es in einen besonderen Rahmen. Ihrem schönsten Tuch gebührt auch der beste Platz in der Wohnung. Hängen Sie es dort an die Wand. Vielleicht als Erinnerung an eine angenehme Zeit – oder einfach der Schönheit wegen.

Viel Freude wünscht Ihnen

PAOLA INCZE

Die Deutsche Bibliothek
– CIP-Einheitsaufnahme

Mode mit Tüchern : 100 Tips zum Wickeln, Binden, Knoten ; vom Halstuch bis zum Kleid / Paola Incze. – Augsburg : Augustus Verl., 1997
ISBN 3-8043-0509-1

Die im Tuch verwendeten Tücher stammen von nachfolgenden Künstlerinnen und Künstlern.
Brigitte Funk: Seite 18, 20, 21, 25, 29, 31, 33, 59, 69, 71 ,119
Britta Hansen: Seite 5
Paola Incze: Seite 27, 43, 56, 70, 73, 74, 75, 78, 79, 81, 85, 87, 90, 93, 97, 109, 110, 113, 114, 116, 117
Fa. Theo Kölln: Seite 19, 26, 36, 37, 38, 39, 40, 45, 47, 49, 51, 53, 55, 60
Rolando Rasmussen: Seite 8, 104, 105, 112
Ulla Schellin: Seite 23, 43, 64, 65, 66, 67, 83, 100, 102, 103, 107

Fotografie: Annette Hempfling, München
Illustrationen: Kristiana Heinemann

Lektorat: Manfred Braun
Umschlaggestaltung: Christa Manner, München

Layout: Anton Walter, Gundelfingen

AUGUSTUS VERLAG AUGSBURG 1997

Satz: Gesetzt aus 10,5 Punkt Formata Light in QuarkXPress von DTP-Design Walter, Gundelfingen
Reproduktion: G.A.V. Gerstetten
Druck und Bindung: Appl, Wemding

Gedruckt auf 120 g umweltfreundlich elementar chlorfrei gebleichtes Papier.

ISBN 3-8043-0509-1
Printed in Germany